तन्हा रातें VOL - 5

श्रीराज मेनन

Copyright © Shreeraj Menon
All Rights Reserved.

क्रम-सूची

क्रम-सूची

क्रम-सूची

क्रम-सूची

क्रम-सूची

भूमिका

पुस्तक में लेखक द्वारा लिखित हिंदी कविताएँ और शायरी शामिल हैं। इसमें कविताएं, शायरी और प्रेरणादायक उद्धरण शामिल हैं।

इस पुस्तक में लेखक द्वारा लिखी गई कुछ कविताएँ और शायरियाँ हैं जो प्रेम, प्रकृति और जीवन के सामान्य दैनिक पहलुओं पर आधारित हैं। कुछ प्रेरक प्रसंग भी हैं। प्यार में पाया गया प्यार, खोया हुआ प्यार और फिर से जगा हुआ प्यार शामिल है। इसी तरह, प्रकृति में प्रकृति का महत्व है और लोग बिना किसी दुष्प्रभाव के प्रकृति का अपने फायदे के लिए दुरुपयोग करते हैं। सामान्य में जीवन के सामान्य पहलू होते हैं जो लोगों और परिवेश के साथ चलते हैं।

पावती (स्वीकृति)

मैं अपने उन दोस्तों को धन्यवाद देना चाहता हूं जिन्होंने मुझे कविताएं और शायरी लिखने के लिए प्रेरित किया, जिसे मैं कहता था और भूल जाता था। मैं Your Quote प्लेटफॉर्म और उसके सभी सदस्यों और समूहों को भी धन्यवाद देना चाहता हूं जिन्होंने मुझे अनुमति दी और मुझे इसके मंच पर अपनी सामग्री लिखने के लिए प्रेरित किया। मैं नोशन प्रेस और उसके सभी सदस्यों को भी धन्यवाद देना चाहता हूं जिन्होंने मुझे अपनी सामग्री को अपने मंच और समय-समय पर मार्गदर्शन के माध्यम से प्रकाशित करने की अनुमति दी, जो उन्होंने मुझे मेरी त्रुटियों को ठीक करने के लिए दिया।

1. बोसा-ए-रु

बोसा-ए-रुख़्सार पर तकरार रहने दीजिए।
आलिंगन कर मोहब्बत का इकरार करने दीजिए।।

— Raj

फ़न -ए -मिसरा

@tanharaatein

ek Gulnaar

2. आस - आशा/उम्मीद

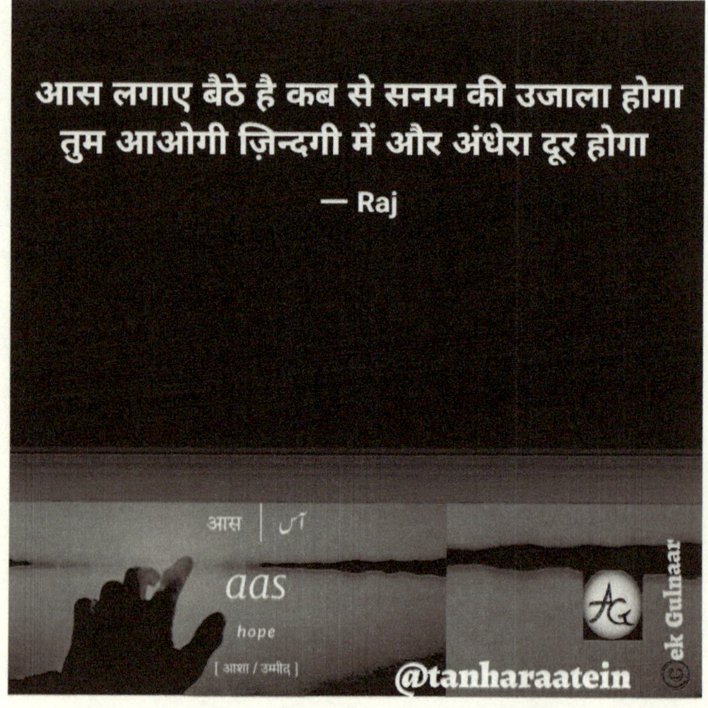
आस लगाए बैठे है कब से सनम की उजाला होगा
तुम आओगी ज़िन्दगी में और अंधेरा दूर होगा
— Raj
आस | اس
aas
hope
[आशा / उम्मीद]
@tanharaatein
©ek Gulnaar

3. अब्र-ए-बाराँ - बरसता हुआ बादल

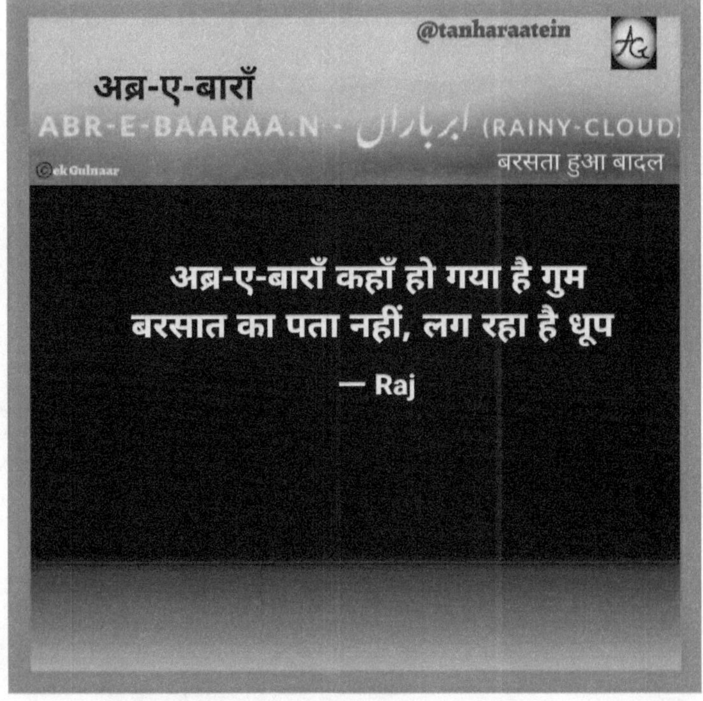

@tanharaatein
अब्र-ए-बाराँ
ABR-E-BAARAA.N · ابر باراں (RAINY-CLOUD)
©ek Gulnaar
बरसता हुआ बादल
अब्र-ए-बाराँ कहाँ हो गया है गुम
बरसात का पता नहीं, लग रहा है धूप
— Raj

4. अदा - अदह

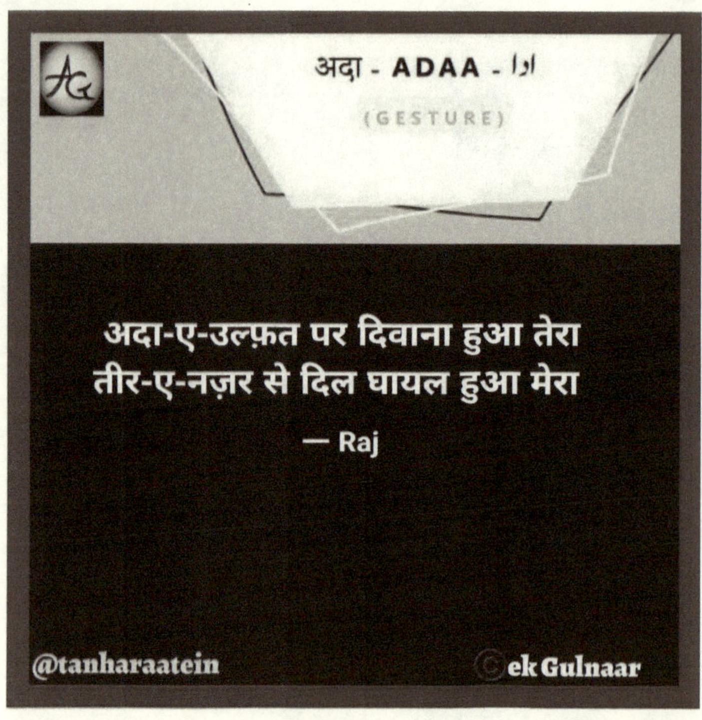

अदा - ADAA - ادا
(GESTURE)

अदा-ए-उल्फ़त पर दिवाना हुआ तेरा
तीर-ए-नज़र से दिल घायल हुआ मेरा
— Raj

@tanharaatein   ©ek Gulnaar

5. अफ़साना - अफ़साना

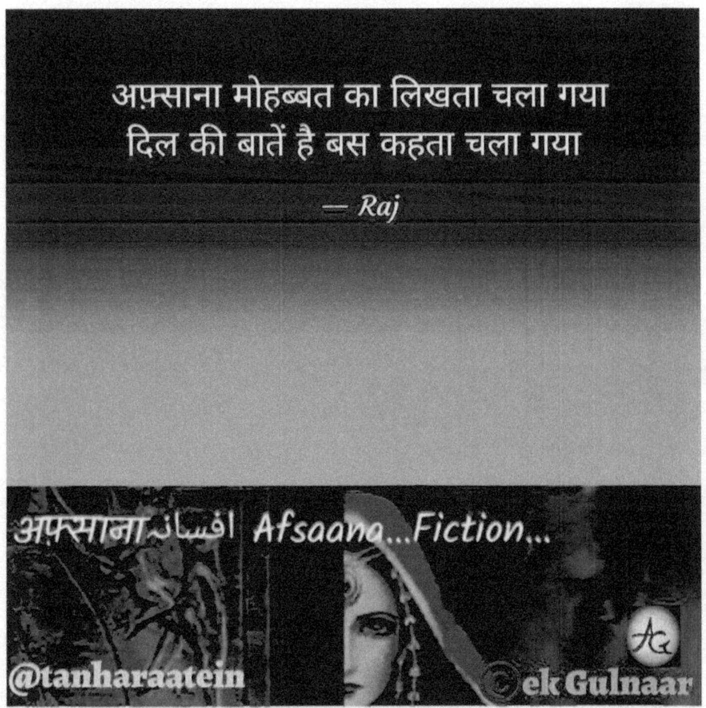
अफ़साना मोहब्बत का लिखता चला गया
दिल की बातें है बस कहता चला गया
— Raj
अफ़साना افسانہ Afsaana...Fiction...
@tanharaatein
©ek Gulnaar

6. अहल-ए-दिल - प्यार भरा हृदय

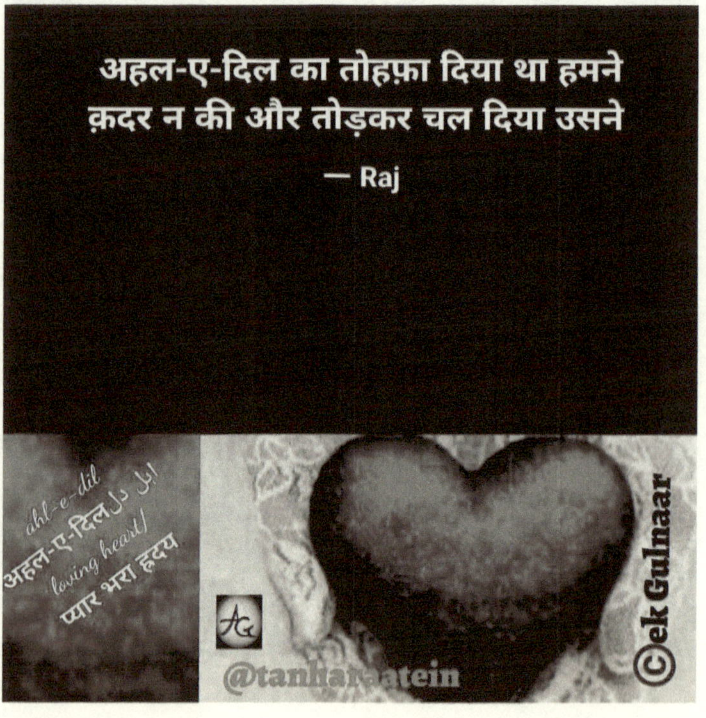

अहल-ए-दिल का तोहफ़ा दिया था हमने
क़दर न की और तोड़कर चल दिया उसने

— Raj

ahl-e-dil
अहल-ए-दिल
loving heart/
प्यार भरा हृदय

@tanharaatein

©ek Gulnaar

7. ऐवान - महल

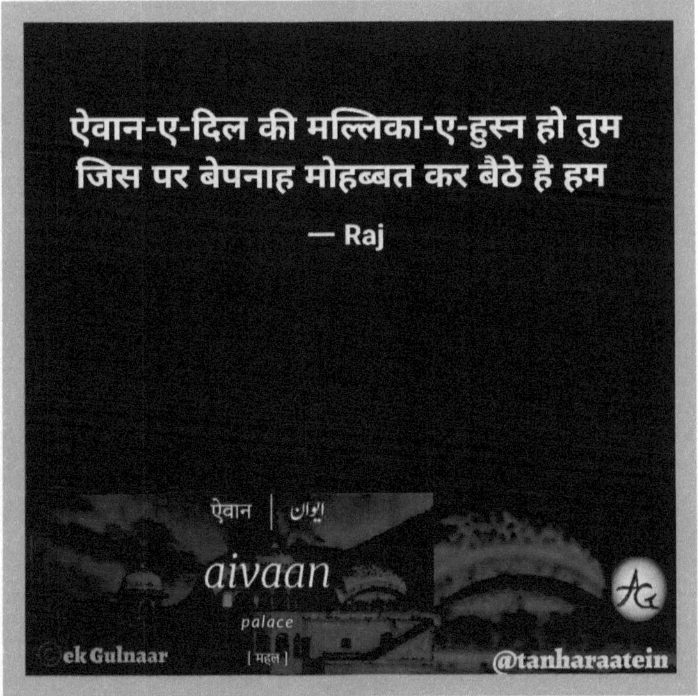

ऐवान-ए-दिल की मल्लिका-ए-हुस्न हो तुम
जिस पर बेपनाह मोहब्बत कर बैठे है हम
— Raj
ऐवान
aivaan
palace
ek Gulnaar
[महल]
@tanharaatein

8. अंदाज़-ए-गुफ़्तुगू - बातचीत का तरीका

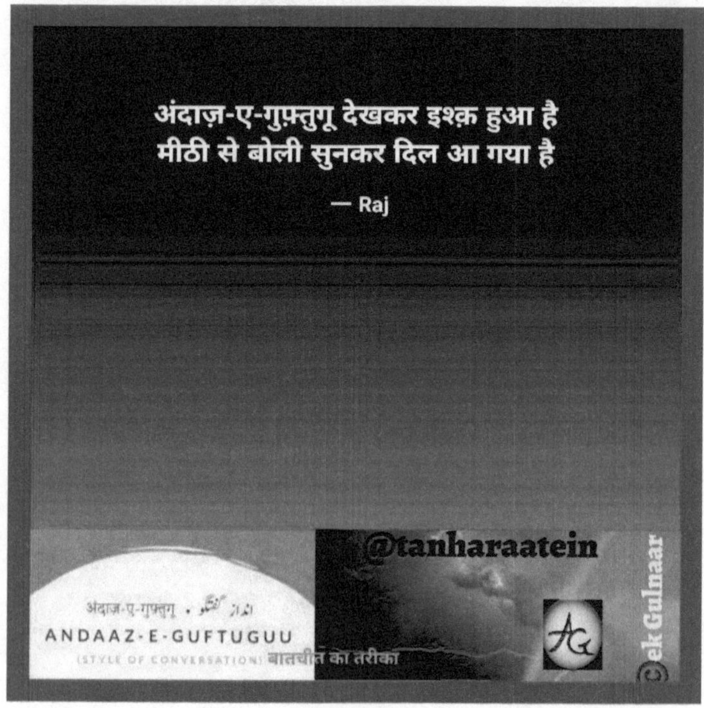
अंदाज़-ए-गुफ़्तुगू देखकर इश्क़ हुआ है
मीठी से बोली सुनकर दिल आ गया है
— Raj
@tanharaatein
अंदाज़-ए-गुफ़्तुगू
ANDAAZ-E-GUFTUGUU
(STYLE OF CONVERSATION) बातचीत का तरीका
ek Gulnaar

9. अंदलीब - बुलबुल

अंदलीब सा मधुर तुम्हारी यह बोली
कर गया घायल और मैं तुम्हारे हो ली
— Raj
अंदलीब | عندلیب
Nightingale/ बुलबुल
@tanharaatein
©ek Gulnaar

10. अंजुम - नक्षत्र

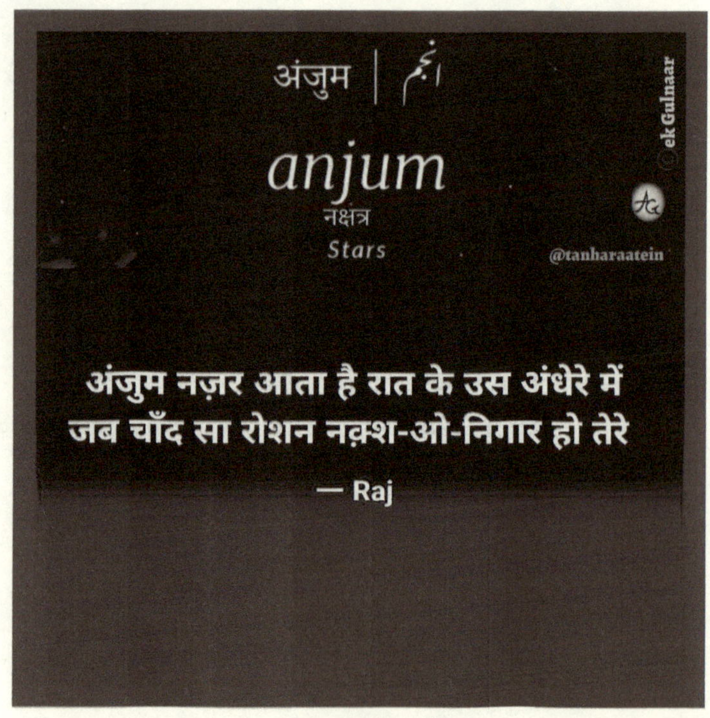

अंजुम
anjum
नक्षत्र
Stars
@tanharaatein
©ek Gulnaar
अंजुम नज़र आता है रात के उस अंधेरे में
जब चाँद सा रोशन नक़्श-ओ-निगार हो तेरे
— Raj

11. अर्ज़ - धरती

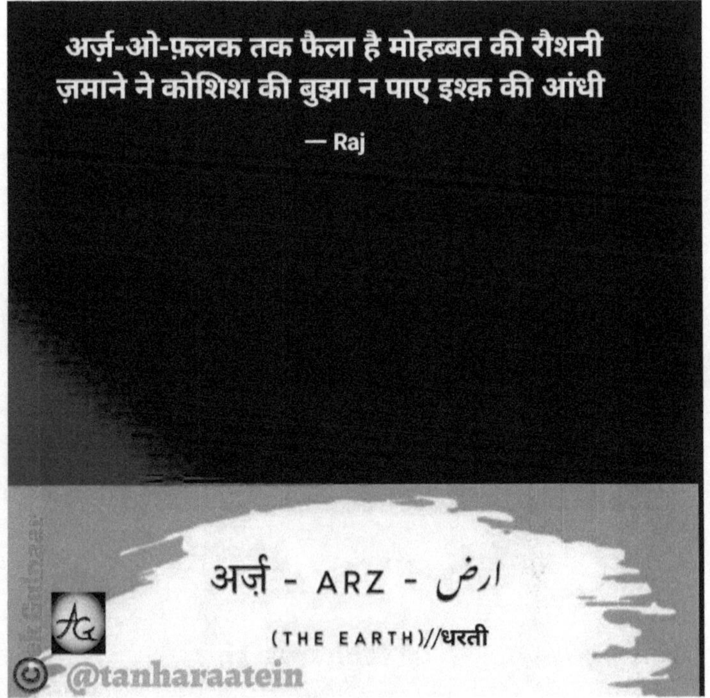

अर्ज़-ओ-फ़लक तक फैला है मोहब्बत की रौशनी
ज़माने ने कोशिश की बुझा न पाए इश्क़ की आंधी
— Raj
अर्ज़ - ARZ - ارض
(THE EARTH)//धरती
@tanharaatein

12. अतिय्या - उपहार

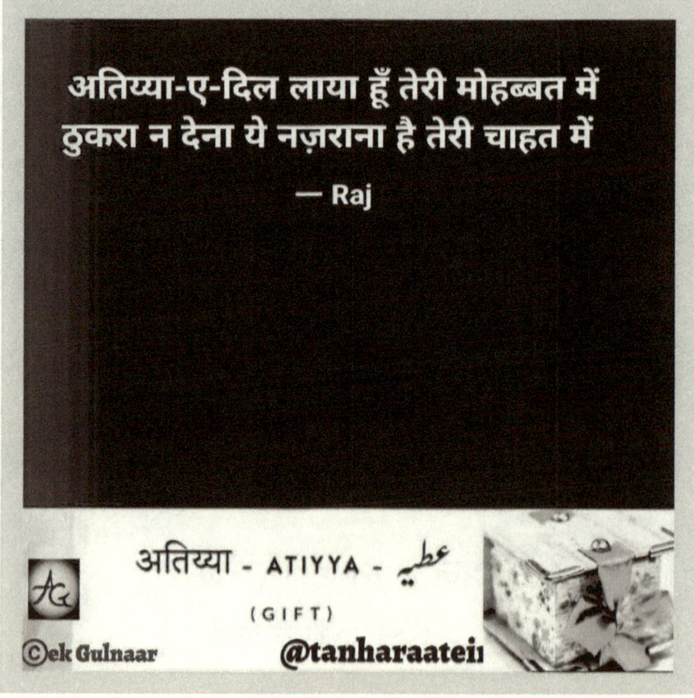

अतिय्या-ए-दिल लाया हूँ तेरी मोहब्बत में
ठुकरा न देना ये नज़राना है तेरी चाहत में
— Raj
अतिय्या - ATIYYA - عطية
(GIFT)
©ek Gulnaar
@tanharaatei

13. ख़ाना-बदोश - संचारजीवी

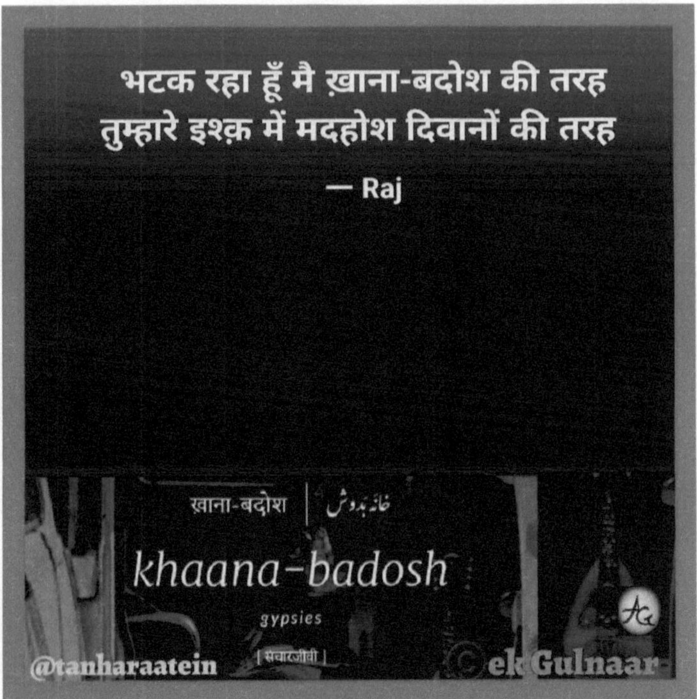
भटक रहा हूँ मै ख़ाना-बदोश की तरह
तुम्हारे इश्क़ में मदहोश दिवानों की तरह
— Raj
ख़ाना-बदोश
khaana-badosh
gypsies
संचारजीवी
@tanharaatein
©ek Gulnaar

14. बर्ग-ए-गुल - फूलों की पंखुड़ियाँ

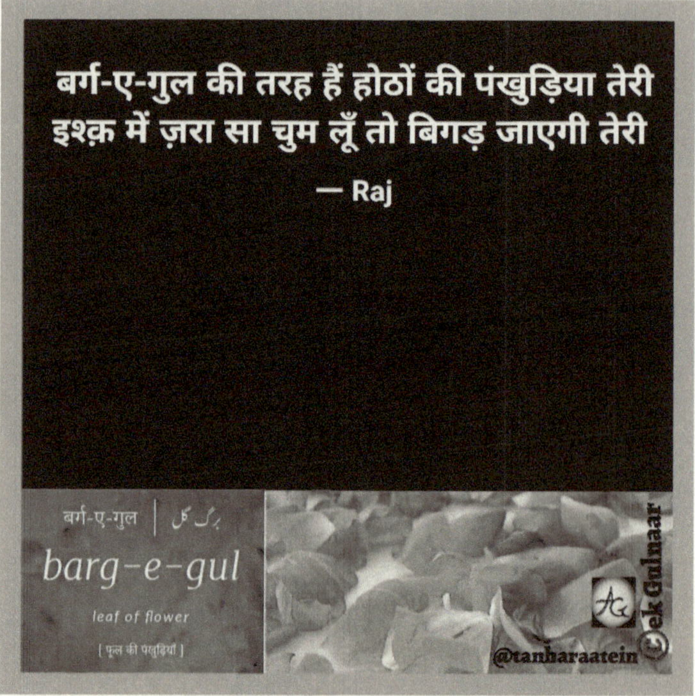

बर्ग-ए-गुल की तरह हैं होठों की पंखुड़िया तेरी
इश्क़ में ज़रा सा चुम लूँ तो बिगड़ जाएगी तेरी
— Raj
बर्ग-ए-गुल
barg-e-gul
leaf of flower
[फूल की पंखुड़ियाँ]
@tanharaatein
ek Gulnaar

15. बरकत - समृद्धि

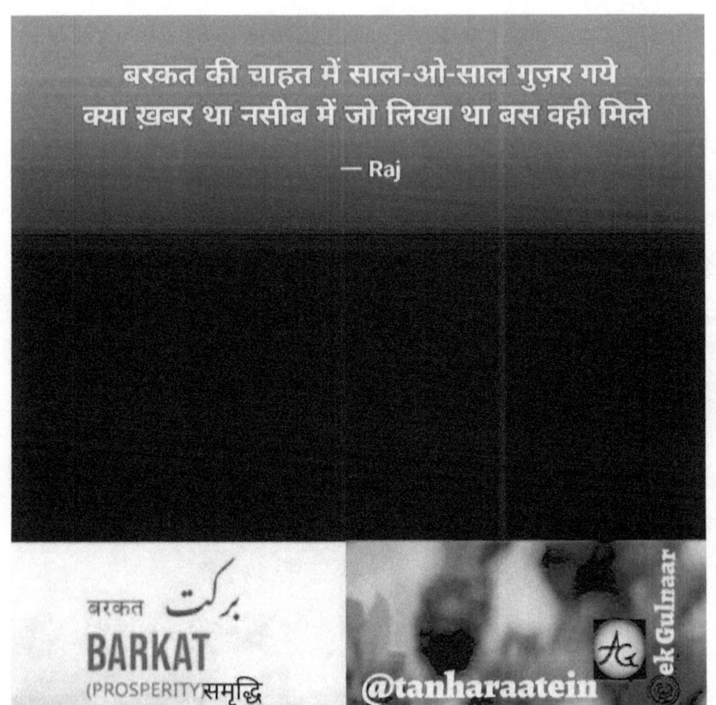

बरकत की चाहत में साल-ओ-साल गुज़र गये
क्या ख़बर था नसीब में जो लिखा था बस वही मिले
— Raj
बरकत
BARKAT
(PROSPERITY समृद्धि
@tanharaatein
ek Gulnaar

16. पसंदा - एक पख्वान

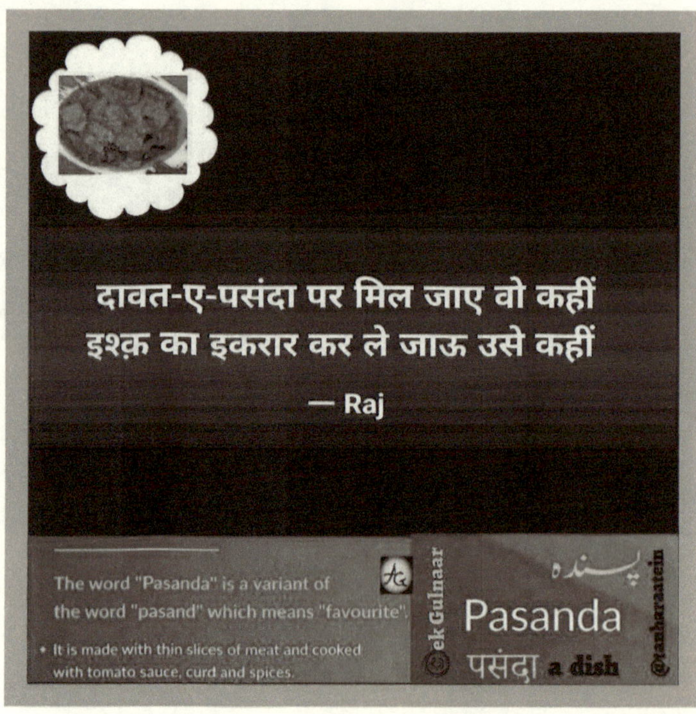

दावत-ए-पसंदा पर मिल जाए वो कहीं
इश्क़ का इकरार कर ले जाऊ उसे कहीं

— Raj

The word "Pasanda" is a variant of
the word "pasand" which means "favourite".

• It is made with thin slices of meat and cooked
with tomato sauce, curd and spices.

ek Gulnaar
Pasanda
पसंदा a dish
@aaharaatein

17. रुमाल - रुमाल

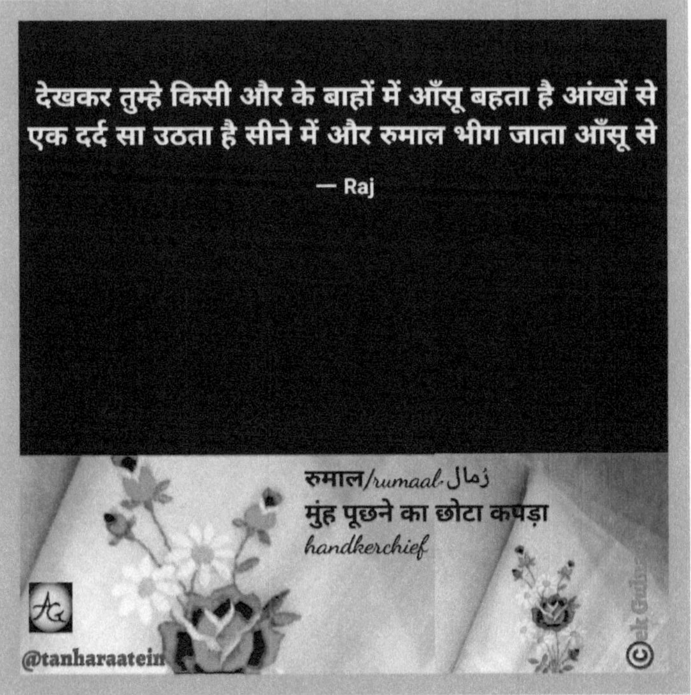

देखकर तुम्हे किसी और के बाहों में आँसू बहता है आंखों से
एक दर्द सा उठता है सीने में और रुमाल भीग जाता आँसू से

— Raj

रुमाल/rumaal-رُمال
मुंह पूछने का छोटा कपड़ा
handkerchief

@tanharaatein

18. ज़लज़ला - भूकंप

देखकर तुम्हे किसी और के बाहों में
ज़लज़ाला सा उठता है मेरे दिल में

तुमसे मोहब्बत कर ग़लती हो गया
पश्चाताप की आग में जल रहा हूँ मैं

— Raj

zalzala
ज़लज़ला زلزلہ
earthquake/भूकंप

19. दिल-निहाद - महबूब

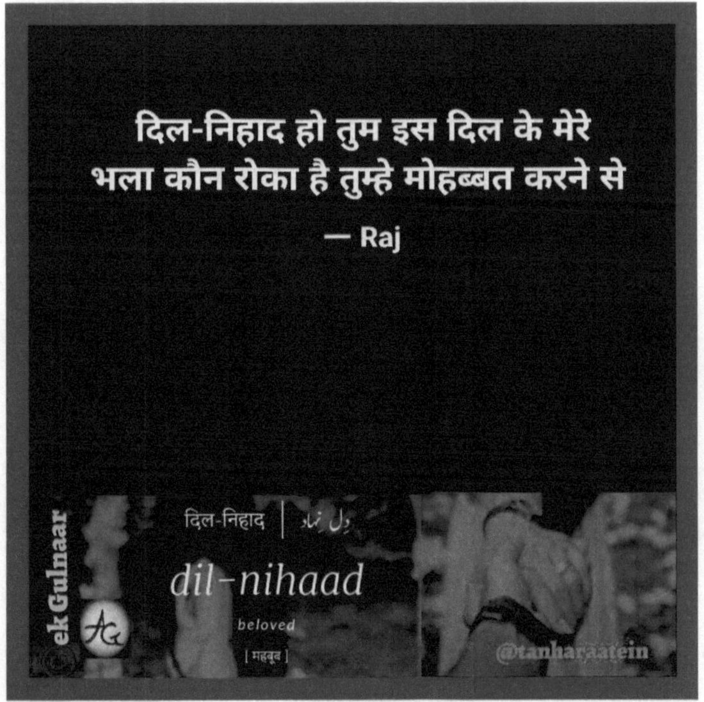

दिल-निहाद हो तुम इस दिल के मेरे
भला कौन रोका है तुम्हे मोहब्बत करने से
— Raj
ek Gulnaar
दिल-निहाद
dil-nihaad
beloved
[महबूब]
@tanharaatein

20. दर्जा-ए-हरारत - तापमान

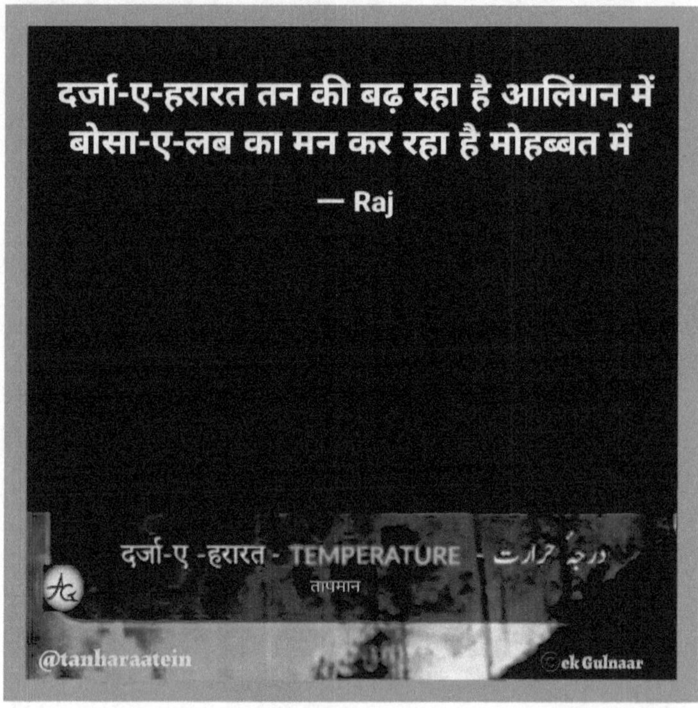

दर्जा-ए-हरारत तन की बढ़ रहा है आलिंगन में
बोसा-ए-लब का मन कर रहा है मोहब्बत में
— Raj
दर्जा-ए -हरारत - TEMPERATURE
तापमान
@tanharaatein
©ek Gulnaar

21. दस्तक - दरवाज़ा कटकटाना

दस्तक-ए-मोहब्बत हो रहा है इस दिल में
तुम्हारे आने से महक रहा मन की उपवन में

— Raj

दस्तक Dastak..knocking at the door...
@ek Gulnaar
@tanharaatein

22. नदीद - प्रतिद्वंद्वी

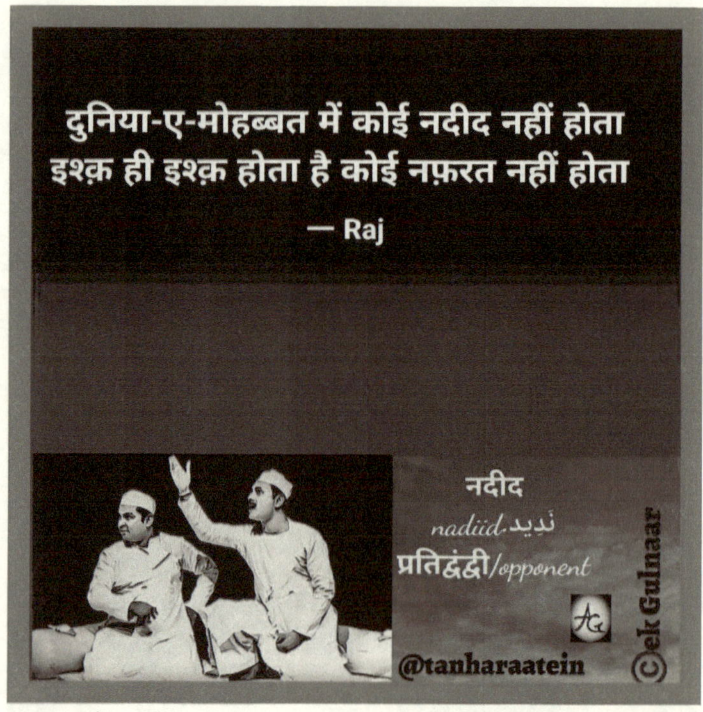

दुनिया-ए-मोहब्बत में कोई नदीद नहीं होता
इश्क़ ही इश्क़ होता है कोई नफ़रत नहीं होता
— Raj
नदीद
nadiid·ﻧﺪﻳﺪ
प्रतिद्वंद्वी/opponent
@tanharaatein
©ek Gulnaar

23. ख़लिश - चुभन

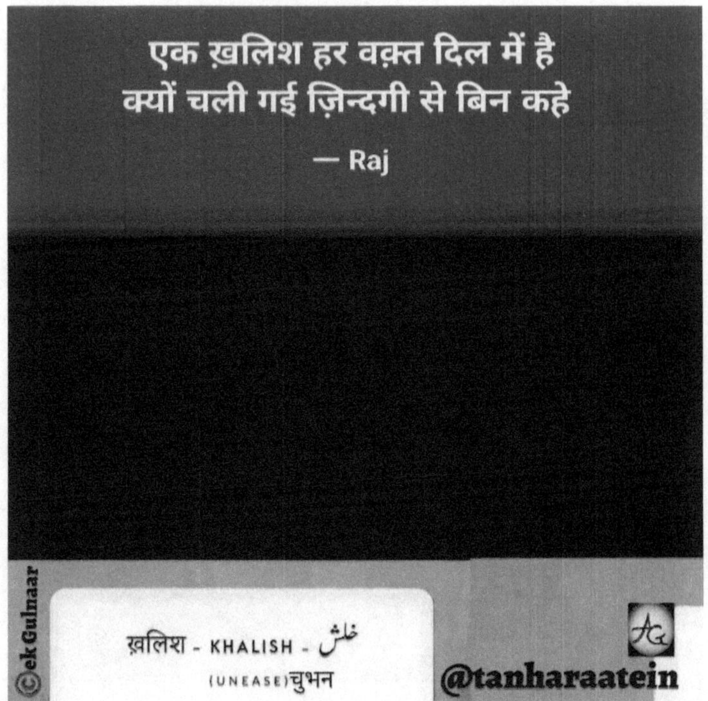

एक ख़लिश हर वक़्त दिल में है
क्यों चली गई ज़िन्दगी से बिन कहे
— Raj
ख़लिश - KHALISH - خلش
(UNEASE) चुभन
©ekGulnaar
@tanharaatein

24. ए'तिबार - विश्वास

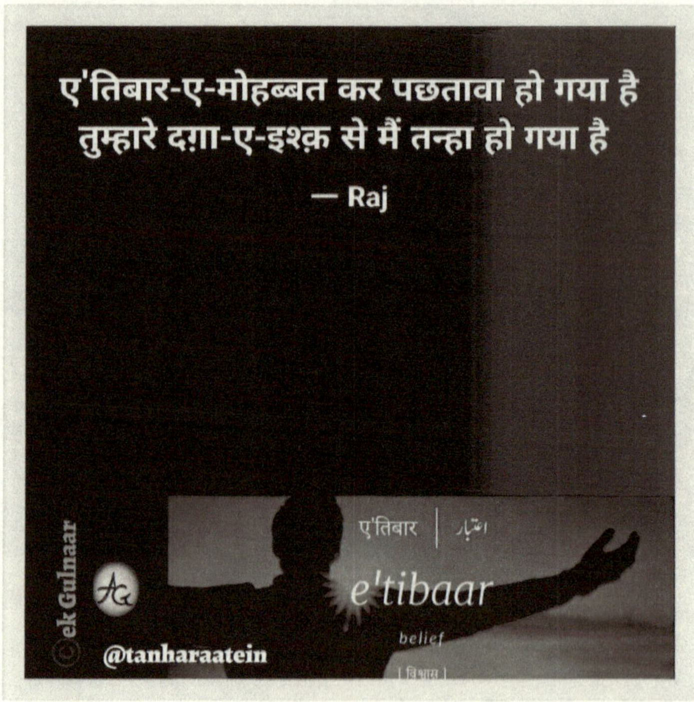

ए'तिबार-ए-मोहब्बत कर पछतावा हो गया है
तुम्हारे दग़ा-ए-इश्क़ से मैं तन्हा हो गया है
— Raj
©ek Gulnaar
@tanharaatein
ए'तिबार
e'tibaar
belief
[विश्वास]

25. सलामती - कुशल

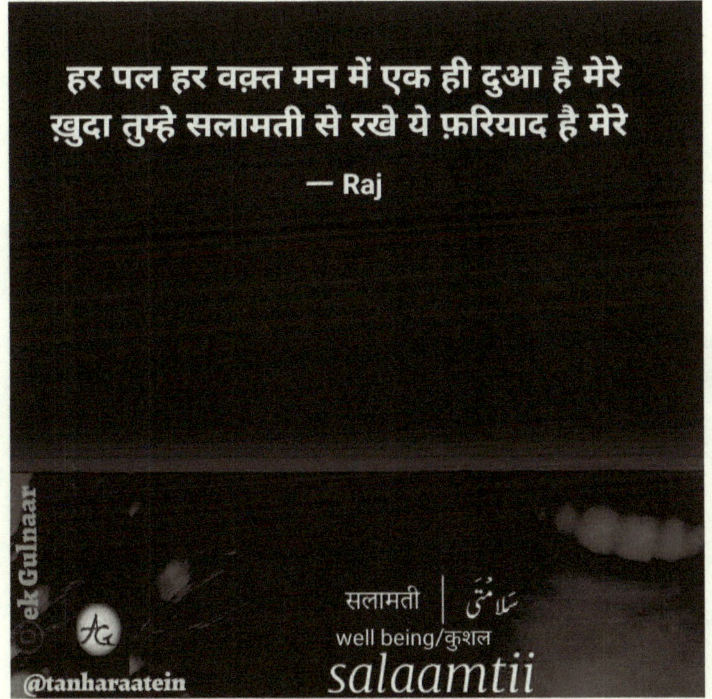

हर पल हर वक़्त मन में एक ही दुआ है मेरे
ख़ुदा तुम्हे सलामती से रखे ये फ़रियाद है मेरे
— Raj
© ek Gulnaar
@tanharaatein
सलामती
well being/कुशल
salaamtii

26. मौसीक़ी - संगीत

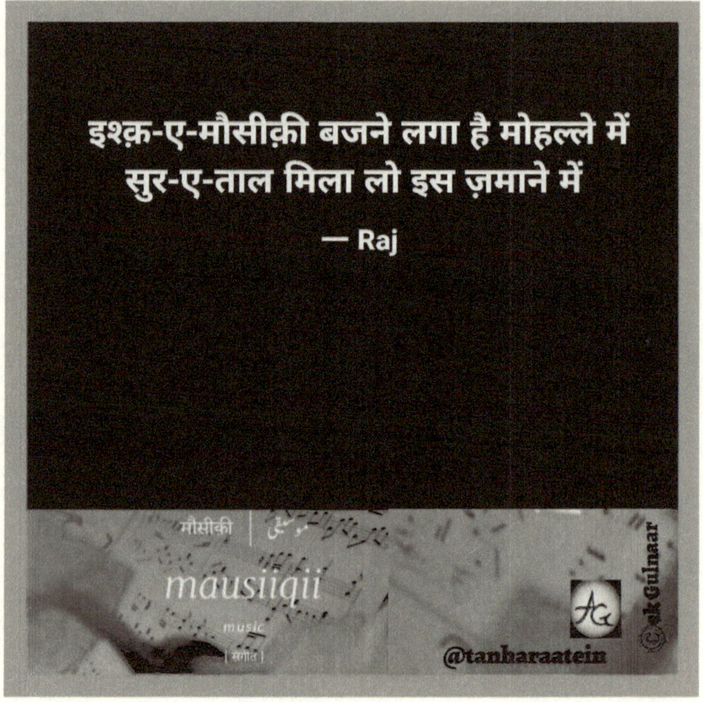

इश्क़-ए-मौसीक़ी बजने लगा है मोहल्ले में
सुर-ए-ताल मिला लो इस ज़माने में
— Raj
मौसीक़ी
mausiiqii
music
[संगीत]
@tanharaatein
ek Gulnaar

27. दफ़ीना - गड हुआ खज़ाना

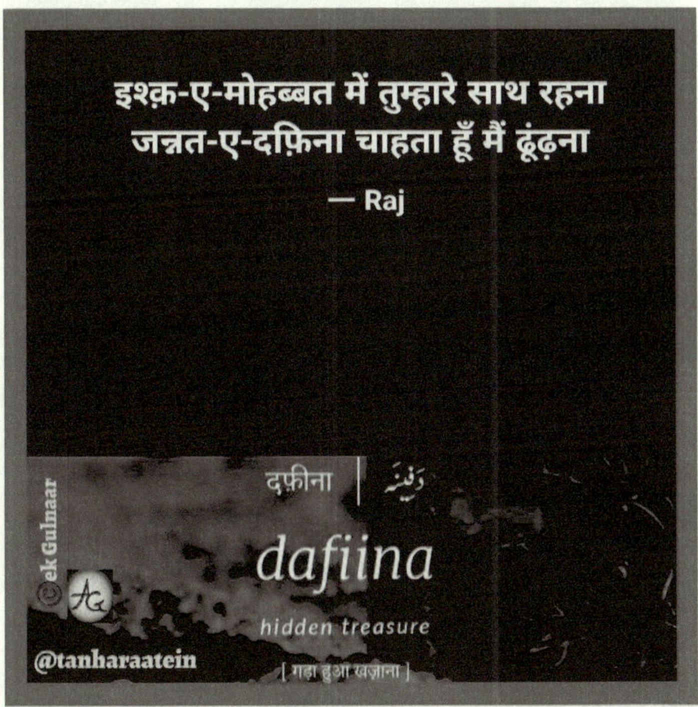

इश्क़-ए-मोहब्बत में तुम्हारे साथ रहना
जन्नत-ए-दफ़िना चाहता हूँ मैं ढूंढ़ना
— Raj
दफ़ीना
dafiina
hidden treasure
[गड़ा हुआ खज़ाना]
@ek Gulnaar
@tanharaatein

28. ख़ुफ़िया - गुप्त

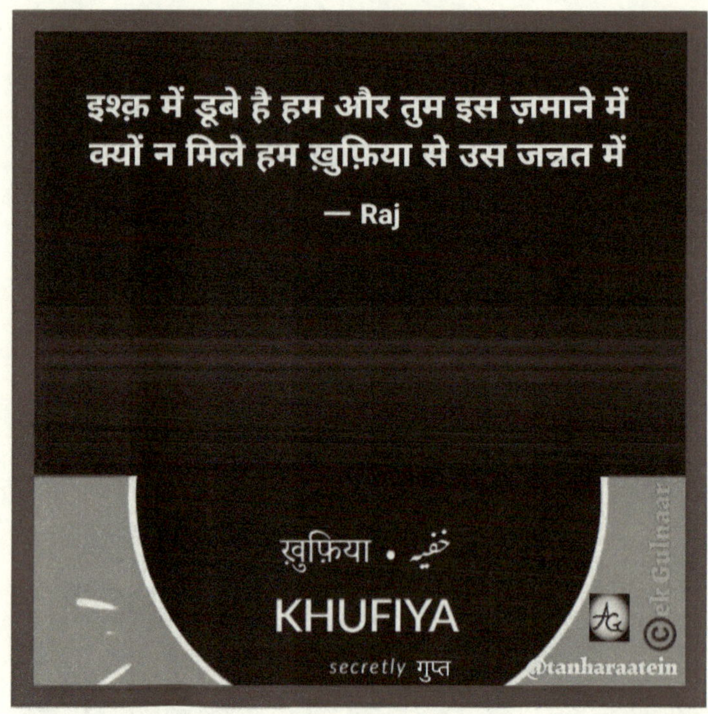

इश्क़ में डूबे है हम और तुम इस ज़माने में
क्यों न मिले हम ख़ुफ़िया से उस जन्नत में
— Raj
ख़ुफ़िया
KHUFIYA
secretly गुप्त
@tanharaatein
©ek Gulnaar

29. बर-आमद - निर्यात करना

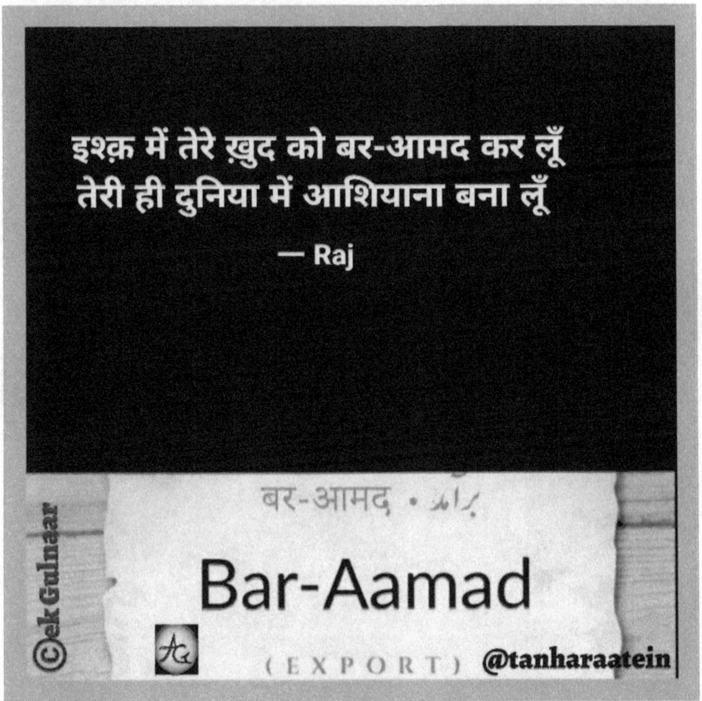

इश्क़ में तेरे ख़ुद को बर-आमद कर लूँ
तेरी ही दुनिया में आशियाना बना लूँ
— Raj
बर-आमद
Bar-Aamad
(EXPORT)
@tanharaatein
©ek Gulnaar

30. जाज़िब - मनोहारी

जाज़िब-नज़र तुम्हारा दिल को घायल कर दिया
खूबसूरत-चेहरा तुम्हारा जन्नत का हूर बन गया
— Raj
@tanharaatein
जाज़िब
JAAZIB
मनोहारी {ATTRACTIVE}
©ek Gulnaar

31. अज़्म-ए-सफ़र - यात्रा का संकल्प

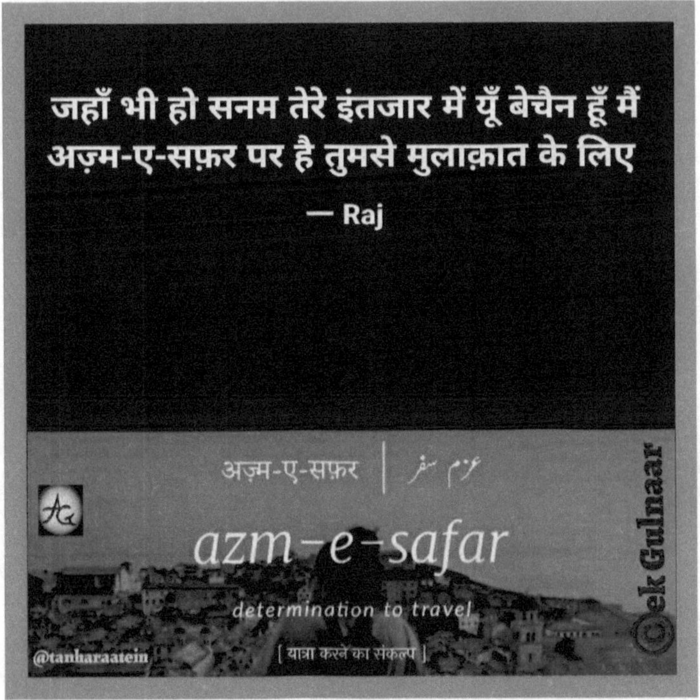

जहाँ भी हो सनम तेरे इंतजार में यूँ बेचैन हूँ मैं
अज़्म-ए-सफ़र पर है तुमसे मुलाक़ात के लिए
— Raj
अज़्म-ए-सफ़र
azm-e-safar
determination to travel
[यात्रा करने का संकल्प]
@tanharaatein
©ek Gulnaar

32. दराज़-क़द - ज़्यादा लम्बाई

जिसकी होती है दराज़-क़द यहाँ
उसे कहते है कुतुबमीनार लोग यहाँ
— Raj
दराज़-क़द
daraaz-qad دراز قۤد
जिसकी लम्बाई ज़्यादा हो/
tallest
@tanharaatein
© ek Gubnaar

33. मुताल'अ - पढ़ना

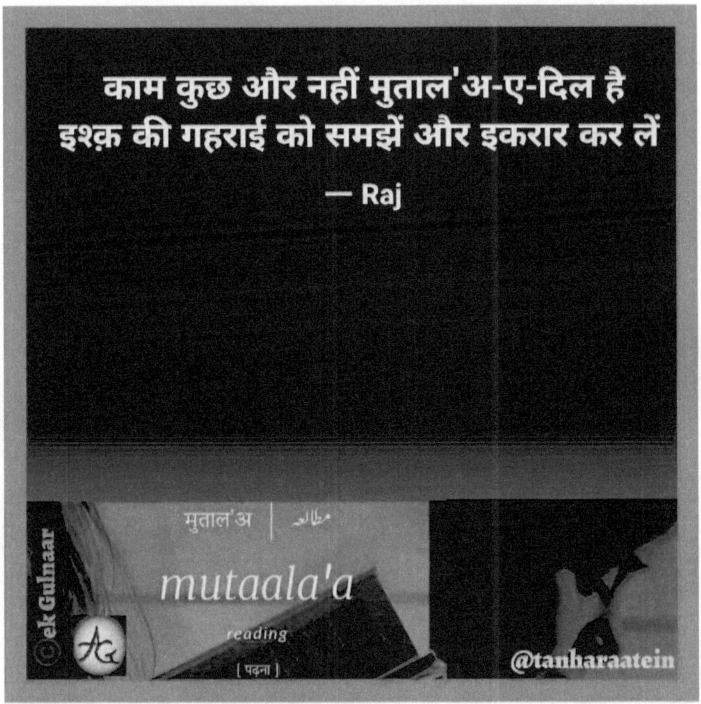
काम कुछ और नहीं मुताल'अ-ए-दिल है
इश्क़ की गहराई को समझें और इकरार कर लें
— Raj
मुताल'अ
mutaala'a
reading
[पढ़ना]
@ek Gulnaar
@tanharaatein

34. अम्बोह - भीड़

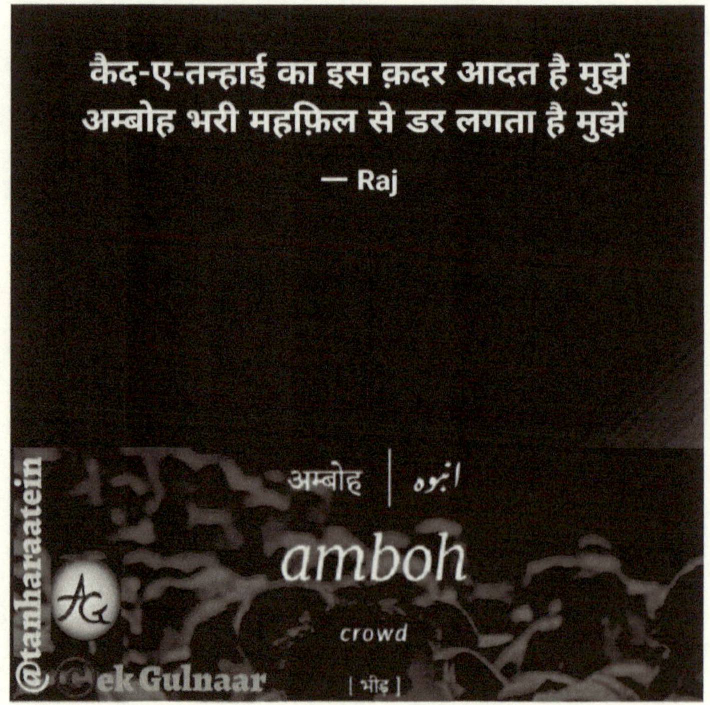

कैद-ए-तन्हाई का इस क़दर आदत है मुझें
अम्बोह भरी महफ़िल से डर लगता है मुझें
— Raj
@tanharaatein
अम्बोह
amboh
crowd
[भीड़]
ek Gulnaar

35. ख़ाक-ए-मज़ल्लत - अपमान की धूल

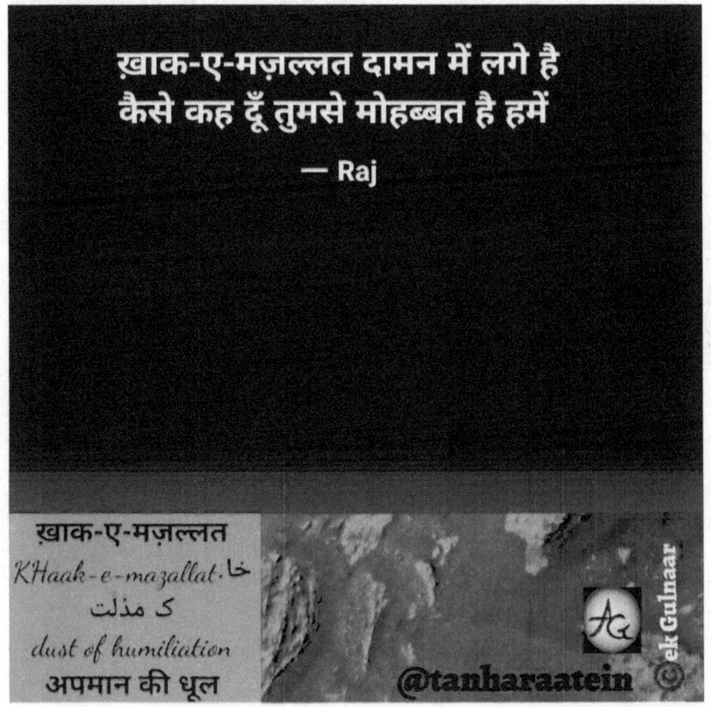

ख़ाक-ए-मज़ल्लत दामन में लगे है
कैसे कह दूँ तुमसे मोहब्बत है हमें
— Raj
ख़ाक-ए-मज़ल्लत
KHaak-e-mazallat
dust of humiliation
अपमान की धूल
@tanharaatein
©ek Gulnaar

36. ख़ुशहाल - सुखी

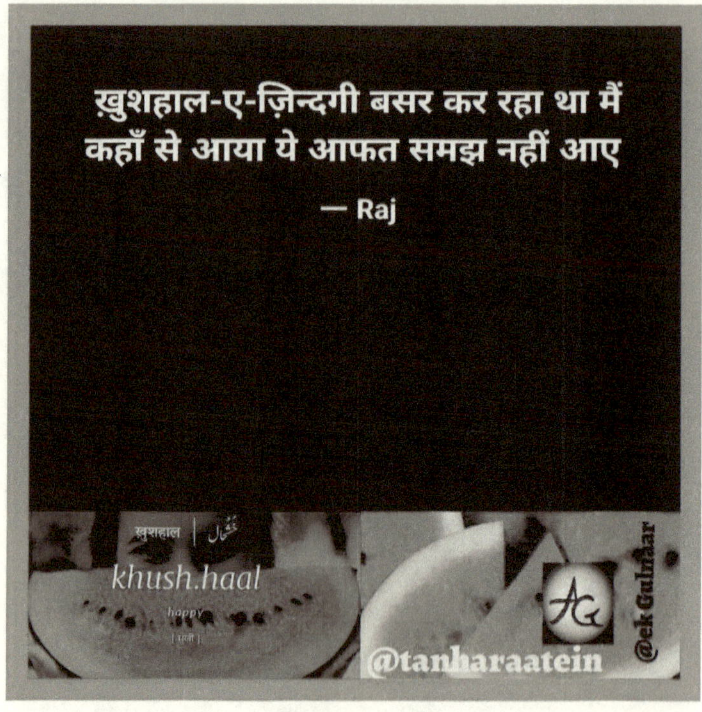

ख़ुशहाल-ए-ज़िन्दगी बसर कर रहा था मैं
कहाँ से आया ये आफत समझ नहीं आए
— Raj
खुशहाल
khush.haal
happy
[सुखी]
@tanharaatein
@ek Gulnaar

37. ख़्वाहिशें - अभिलाषा

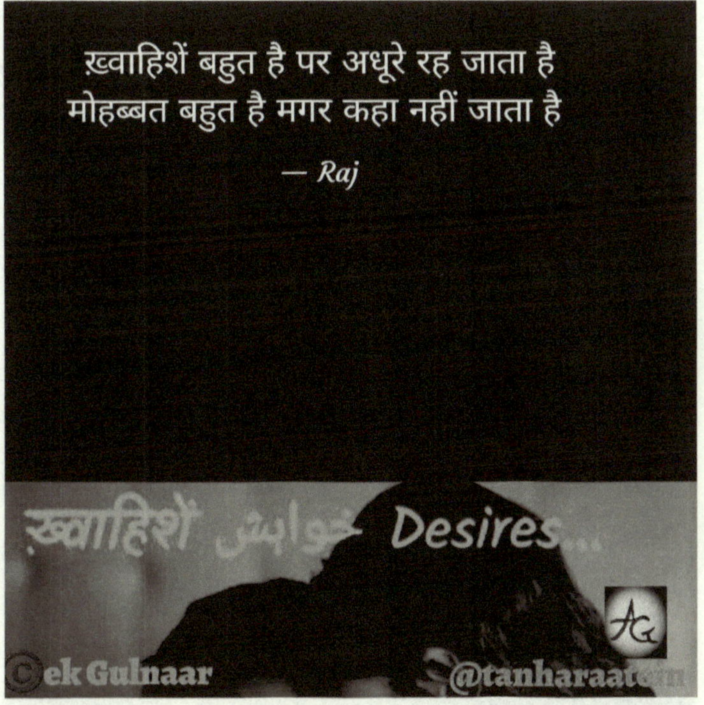
ख़्वाहिशें बहुत है पर अधूरे रह जाता है
मोहब्बत बहुत है मगर कहा नहीं जाता है
— Raj
ख़्वाहिशें Desires...
©ek Gulnaar
@tanharaatein

38. दयार-ए-हबीब - दोस्त का देस

dayaar-e-habiib
دیار حبیب दयार-ए-हबीब
country/place of beloved दोस्त का देस
@tanharaatein
खूबसूरत सा एहसास होता है दयार-ए-हबीब का
साथ हो तो सजता है महफ़िल-ए-मोहब्बत का
— Raj

39. क़िर्तास - कागज़

कोरा क़िर्तास है यह जीवन मेरा जिसमे कोई रंग नहीं
इसमें जो चाहे जब चाहे अपनी मर्ज़ी से कर दे रंगीन
— Raj
क़िर्तास
qirtaas
paper
कागज़
@ek.Gulzaar
@tanharaatein

40. ला-ज़वाल - जिसका नशा न हो

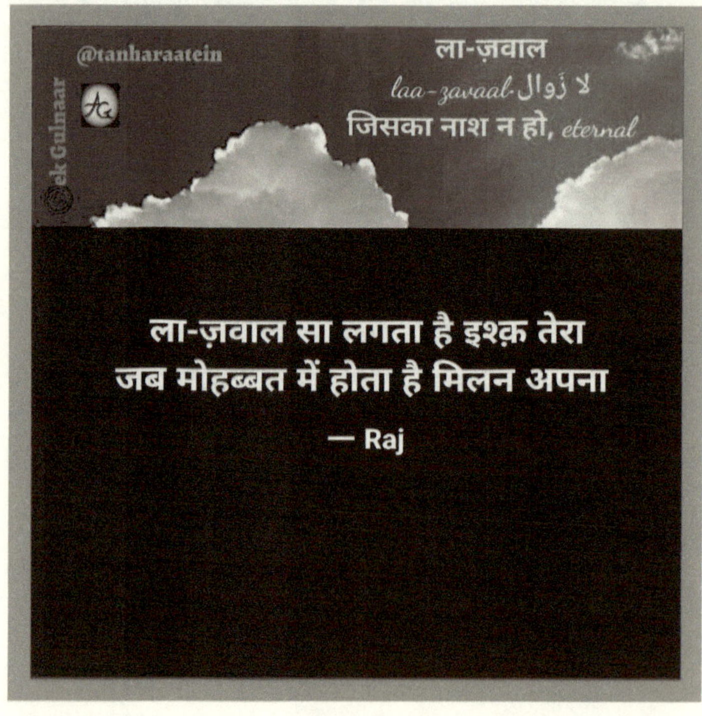

@tanharaatein
ek Gulnaar
ला-ज़वाल
laa-zavaal لا زوال
जिसका नाश न हो, eternal
ला-ज़वाल सा लगता है इश्क़ तेरा
जब मोहब्बत में होता है मिलन अपना
— Raj

41. लब-ए-साहिल - समुन्दर का तट

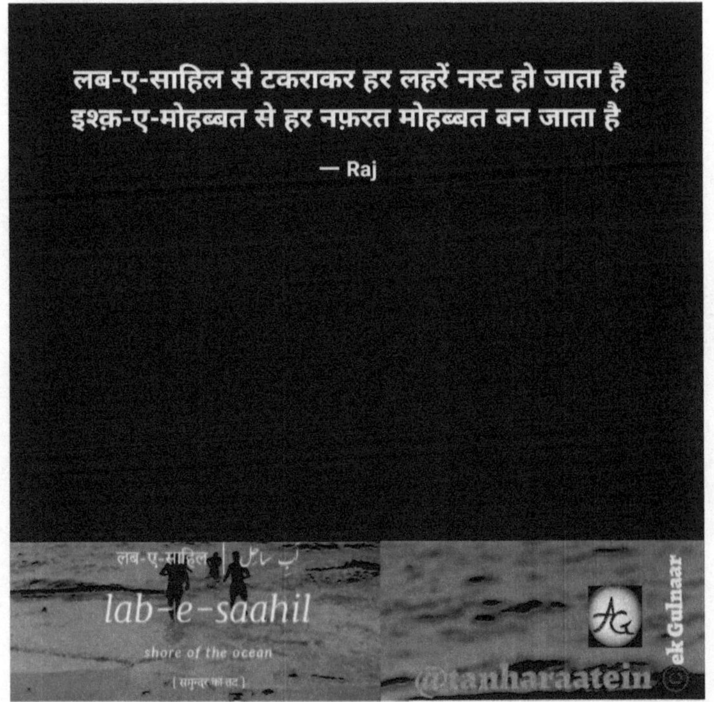
लब-ए-साहिल से टकराकर हर लहरें नस्ट हो जाता है
इश्क़-ए-मोहब्बत से हर नफ़रत मोहब्बत बन जाता है
— Raj
लब-ए-साहिल
lab-e-saahil
shore of the ocean
(समुन्दर का तट)
@tanharaatein
ek Gulnaar

42. शफ़ीक़ - स्नेही

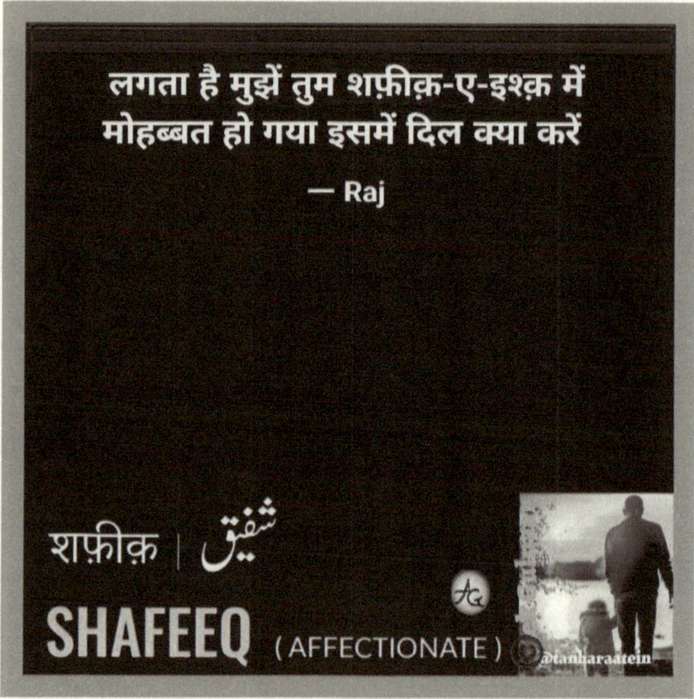

लगता है मुझें तुम शफ़ीक़-ए-इश्क़ में
मोहब्बत हो गया इसमें दिल क्या करें
— Raj
शफ़ीक़ | شفيق
SHAFEEQ (AFFECTIONATE)
@tanharaatein

43. लतीफ़ - कोमल

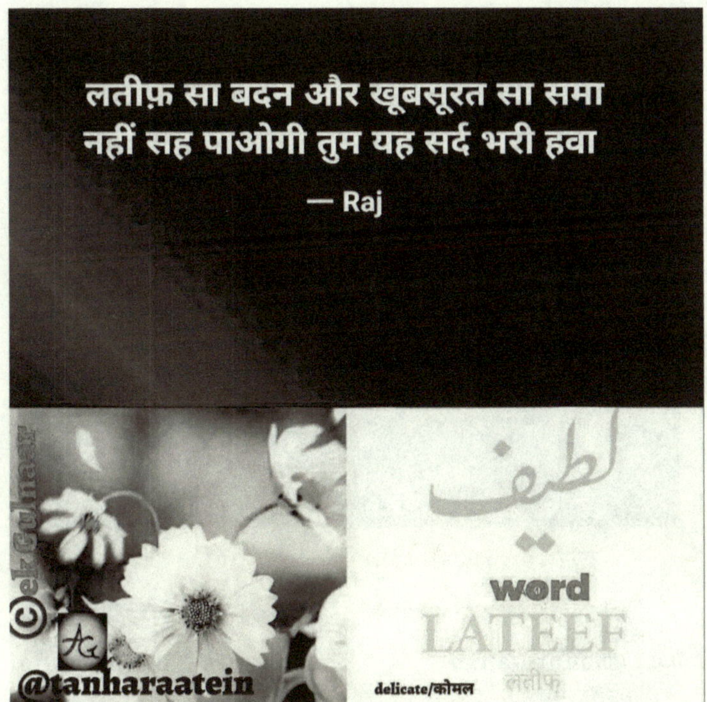
लतीफ़ सा बदन और खूबसूरत सा समा
नहीं सह पाओगी तुम यह सर्द भरी हवा
— Raj
@tanharaatein
لطيف
word
LATEEF
delicate/कोमल
लतीफ़

44. हुस्न - सौंदर्य

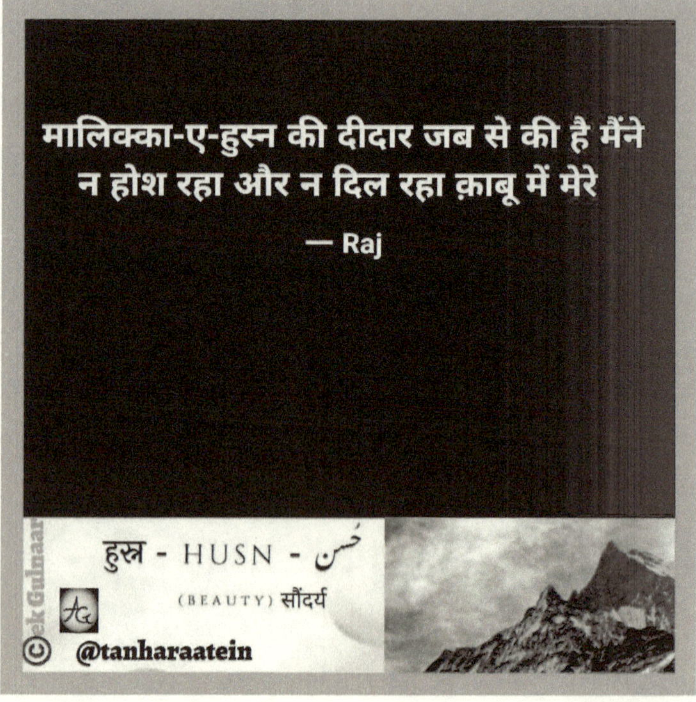

मालिक्का-ए-हुस्न की दीदार जब से की है मैंने
न होश रहा और न दिल रहा क़ाबू में मेरे
— Raj
हुस्न - HUSN -
(BEAUTY) सौंदर्य
© ek Gulmaar
@tanharaatein

45. शहर-ए-इश्क़ - प्रेमनगर

मैं तेरे शहर-ए-इश्क़ में आया हूँ
आशियाना-ए-मोहब्बत बनाने के लिए -।

इश्क़ में तेरे चाँद-सितारे थोड़ लाऊँ
तेरे दिल में मुझें मोहब्बत-ए-मंज़िल मिलें -॥
— Raj

शहर-ए-इश्क़ - SHAHR-E-ISHQ - شہر عشق
@tanharaatein
(CITY OF LOVE)
©ek Gulnaar

46. मेहर-ओ-माह - सूरज और चाँद

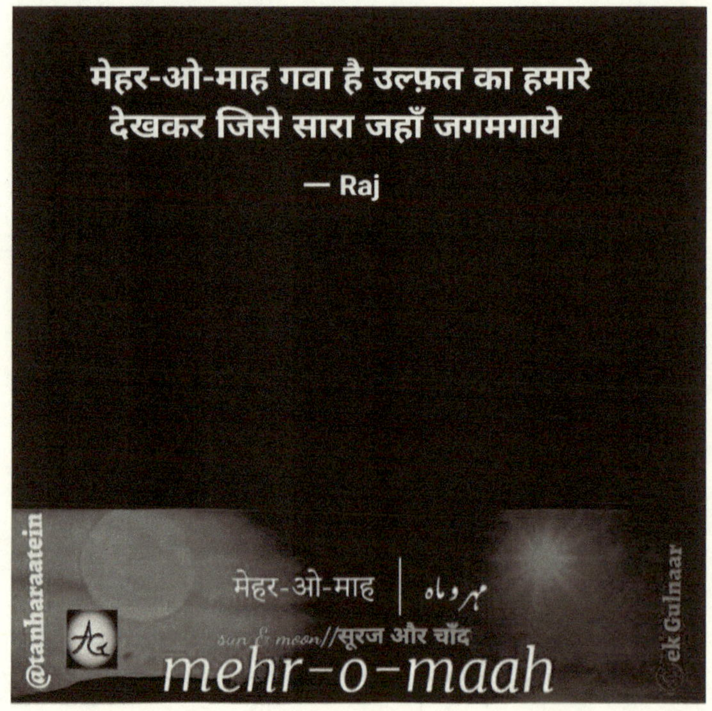

मेहर-ओ-माह गवा है उल्फ़त का हमारे
देखकर जिसे सारा जहाँ जगमगाये
— Raj
@tanharaatein
मेहर-ओ-माह
sun & moon//सूरज और चाँद
mehr-o-maah
ek Gulnaar

47. क़तरा-ए-अश्क - आँसू के बूद

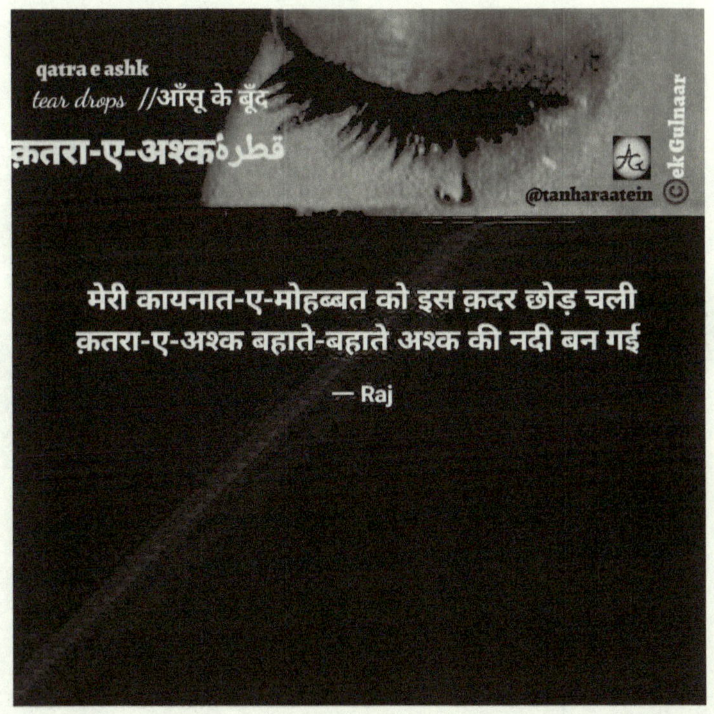

qatra e ashk
tear drops //आँसू के बूँद
क़तरा-ए-अश्क قطرۀ
@tanharaatein
© ek Gulnaar
मेरी कायनात-ए-मोहब्बत को इस क़दर छोड़ चली
क़तरा-ए-अश्क बहाते-बहाते अश्क की नदी बन गई
— Raj

48. महफ़िल-ए-अबाब - दोस्तों की सभा

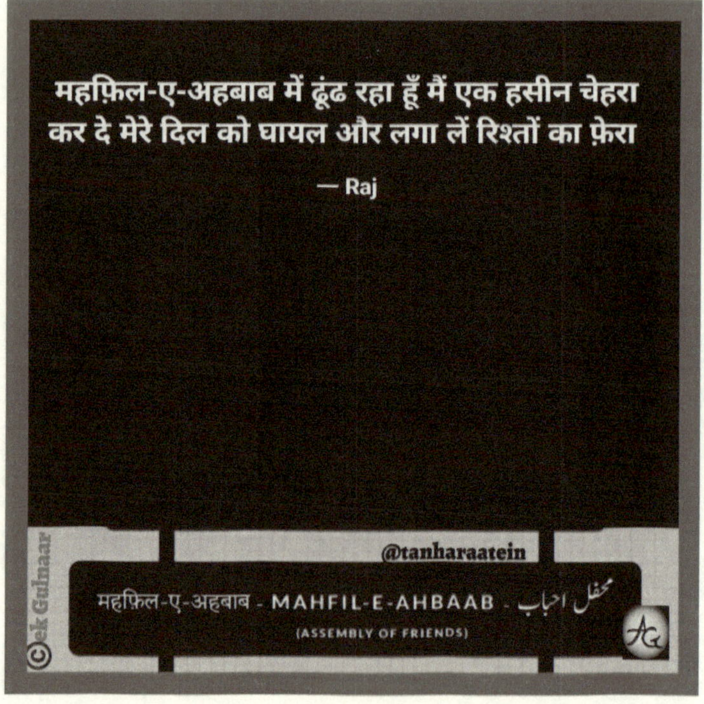

महफ़िल-ए-अहबाब में ढूंढ रहा हूँ मैं एक हसीन चेहरा
कर दे मेरे दिल को घायल और लगा लें रिश्तों का फ़ेरा
— Raj
@tanharaatein
महफ़िल-ए-अहबाब · MAHFIL-E-AHBAAB · محفل احباب
(ASSEMBLY OF FRIENDS)
© Ek Gulnaar

49. जुम्मेरात - गुरुवार

मिलने का वादा था इस जुम्मेरात को
तुम नहीं आये तन्हा रह पूरी रात को

— Raj

50. इशरत - आनंद

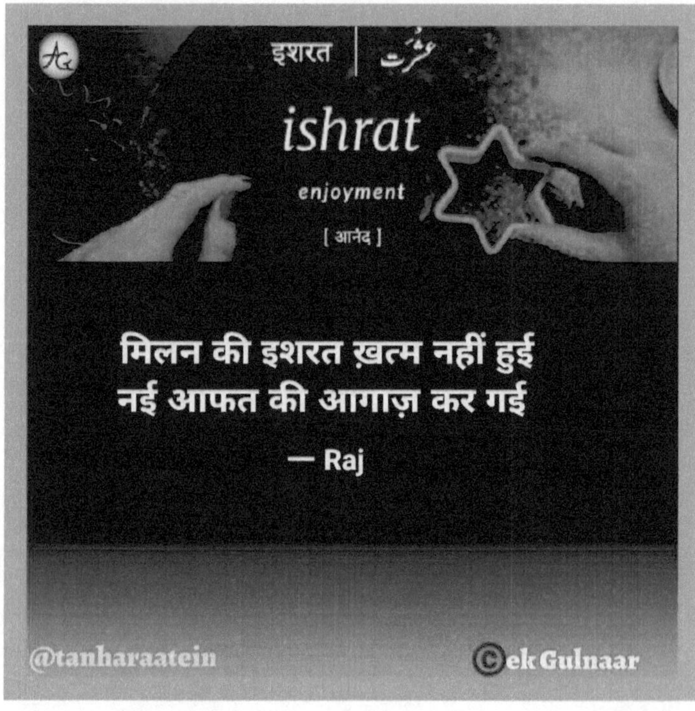

इशरत
ishrat
enjoyment
[आनंद]
मिलन की इशरत ख़त्म नहीं हुई
नई आफत की आगाज़ कर गई
— Raj
@tanharaatein
©ek Gulnaar

51. ख़ुश-आमदीद - स्वागत है आपका

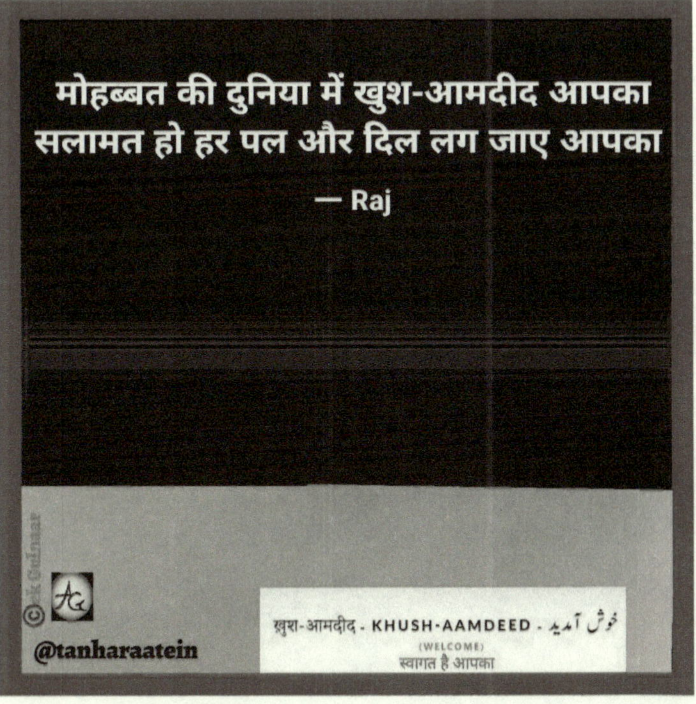

मोहब्बत की दुनिया में खुश-आमदीद आपका
सलामत हो हर पल और दिल लग जाए आपका
— Raj
@tanharaatein
ख़ुश-आमदीद · KHUSH-AAMDEED · خوش آمدید
(WELCOME)
स्वागत है आपका

52. माक़ूल - उचित

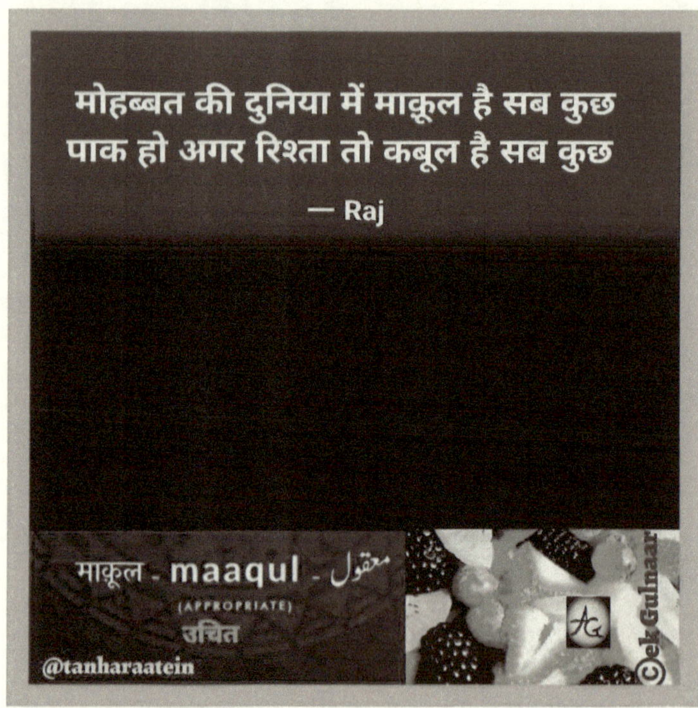

मोहब्बत की दुनिया में माक़ूल है सब कुछ
पाक हो अगर रिश्ता तो कबूल है सब कुछ
— Raj
माक़ूल - maaqul - معقول
(APPROPRIATE)
उचित
@tanharaatein
©ek Gulnaar

53. ज़हरा - हिम्मत

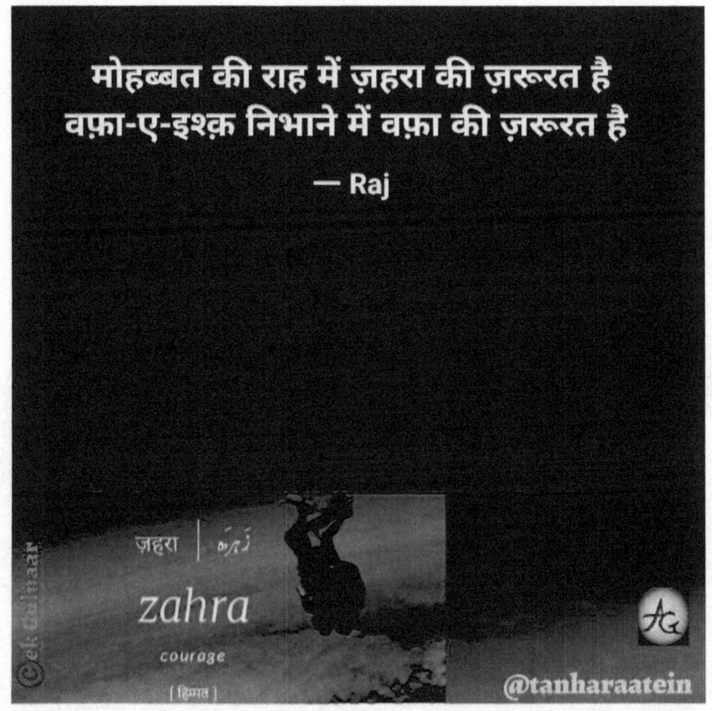

मोहब्बत की राह में ज़हरा की ज़रूरत है
वफ़ा-ए-इश्क़ निभाने में वफ़ा की ज़रूरत है
— Raj
zahra
courage
[हिम्मत]
ज़हरा
@ek.gulnaar
@tanharaatein

54. कोह - पहाड़

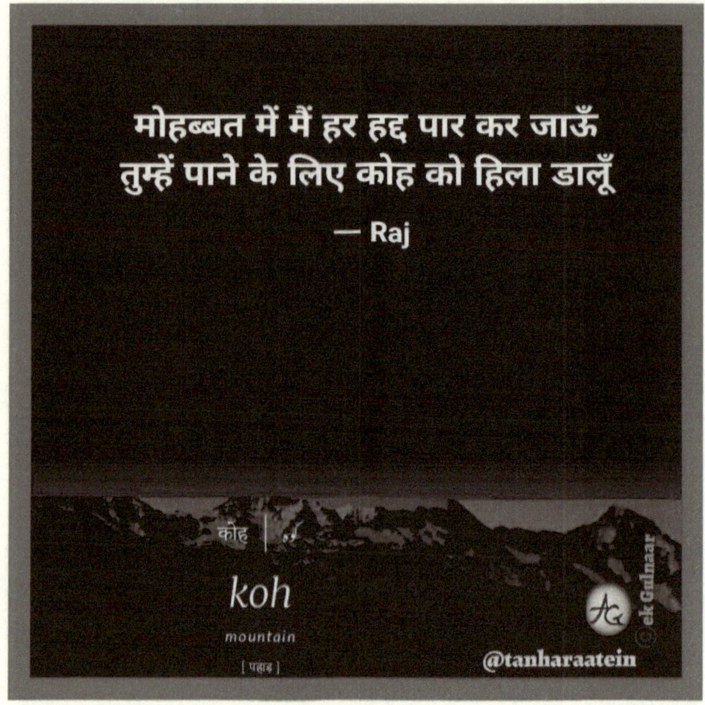

मोहब्बत में मैं हर हद्द पार कर जाऊँ
तुम्हें पाने के लिए कोह को हिला डालूँ
— Raj
कोह
koh
mountain
[पहाड़]
@tanharaatein
ek Gulmaar

55. मुलाक़ात - फन-ए-मिसरा

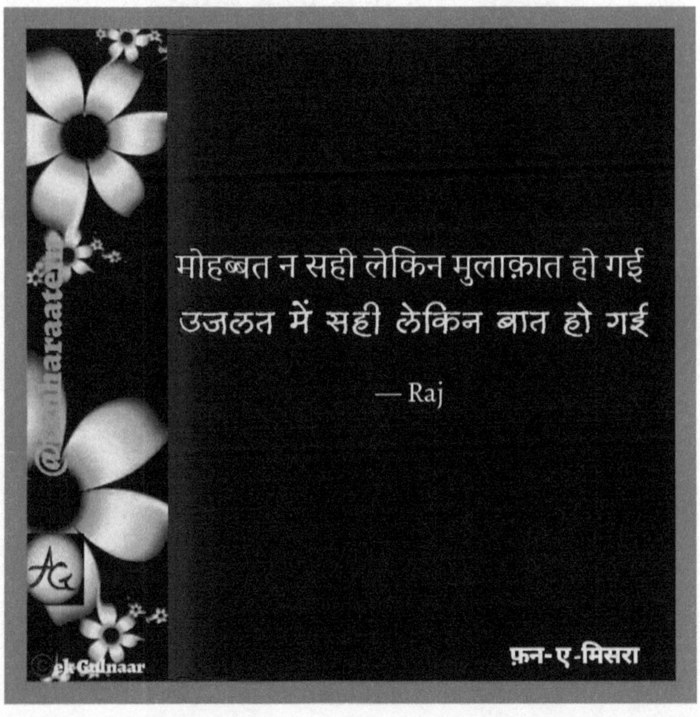

मोहब्बत न सही लेकिन मुलाक़ात हो गई
उजलत में सही लेकिन बात हो गई

—Raj

फ़न-ए-मिसरा

56. सुकूनत - निवास

मोहब्बत से सुकूनत-ए-दिल हैं तुम्हारा
जिस में रहने की ख़्वाहिश है हमारा

— Raj

सुकूनत
sukuunat
residence
[निवास.]
@tanharaatein
ek Gulnaar

57. मोहलत - छुट्टी/ फुरसत

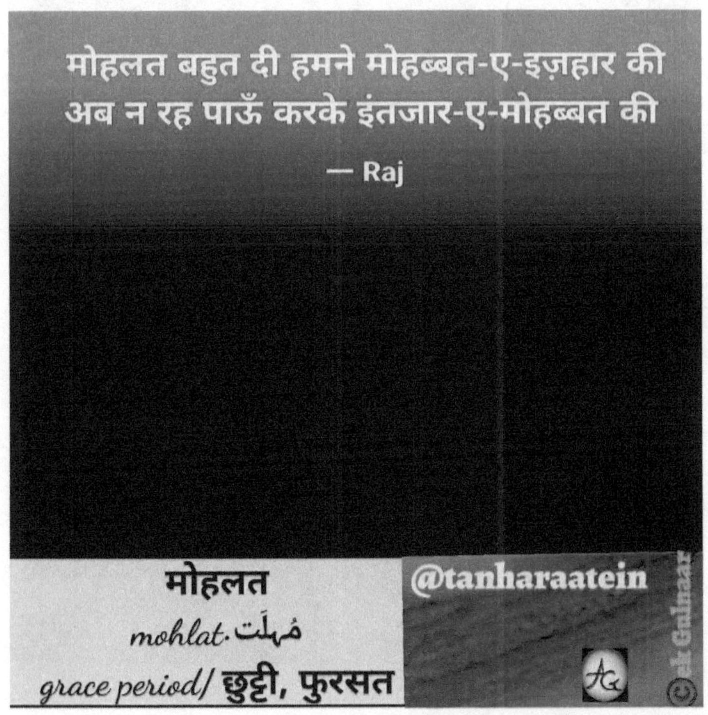

मोहलत बहुत दी हमने मोहब्बत-ए-इज़हार की
अब न रह पाऊँ करके इंतजार-ए-मोहब्बत की
— Raj
@tanharaatein
मोहलत
mohlat.مُهلَت
grace period/ छुट्टी, फुरसत

58. मो'जिज़ा - चमत्कार

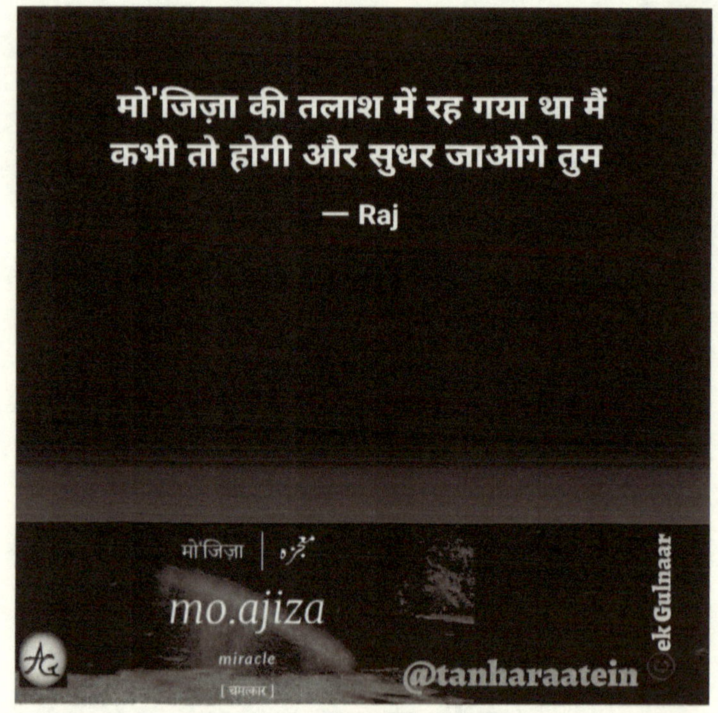

मो'जिज़ा की तलाश में रह गया था मैं
कभी तो होगी और सुधर जाओगे तुम
— Raj
मो'जिज़ा
mo.ajiza
miracle
[चमत्कार]
@tanharaatein
@ek Gulnaar

59. मसाफ़त - दुरी

मसाफ़त-ए-मोहब्बत लम्बा जरूर है
वहाँ तक पहुँच पाना मुश्किल नहीं है
— Raj

@tanharaatein

मसाफ़त - DISTANCE - مسافت
(masaafat)

60. मश'अल-ए-महताब - रोशन चाँद

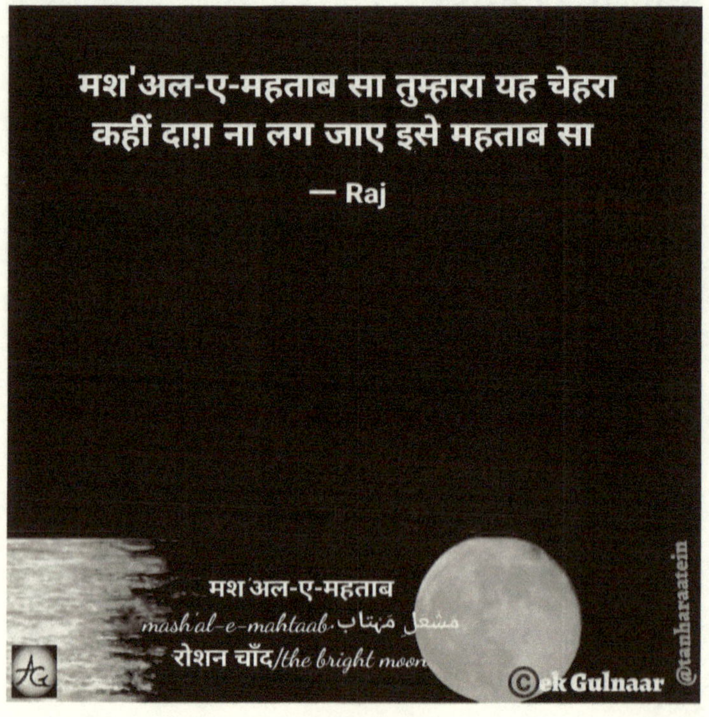

मश'अल-ए-महताब सा तुम्हारा यह चेहरा
कहीं दाग़ ना लग जाए इसे महताब सा
— Raj
मश'अल-ए-महताब
mash'al-e-mahtaab
रोशन चाँद/the bright moon
©ek Gulnaar
@tanharaatein

61. मशरिक़ - पूर्व

मशरिक़ की और से सहरीश होती है और
माघरीब की और गुरूब-ए-आफताब

यह दुनिया की रीत है
जो कोई न बदल सके जनाब

— Raj

मशरिक़ شرق
MASHRIQ
(EAST) पूर्व

DIRECTIONS
दिशाएँ سمتیں

©ek Gulnaar
@tanharaatein

62. मुहाफ़िज़ - रक्षक

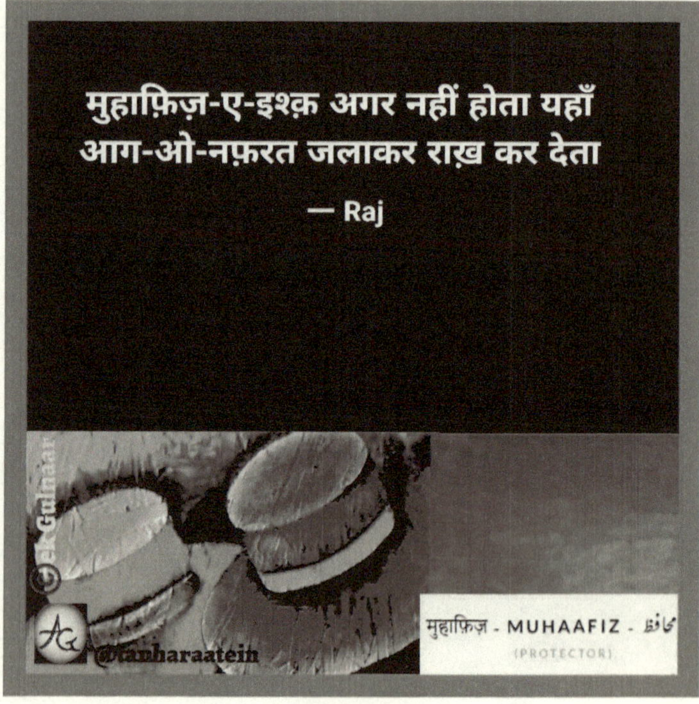

मुहाफ़िज़-ए-इश्क़ अगर नहीं होता यहाँ
आग-ओ-नफ़रत जलाकर राख़ कर देता
— Raj
मुहाफ़िज़ - MUHAAFIZ -
(PROTECTOR)

63. मुहाजिर - शरणार्थी

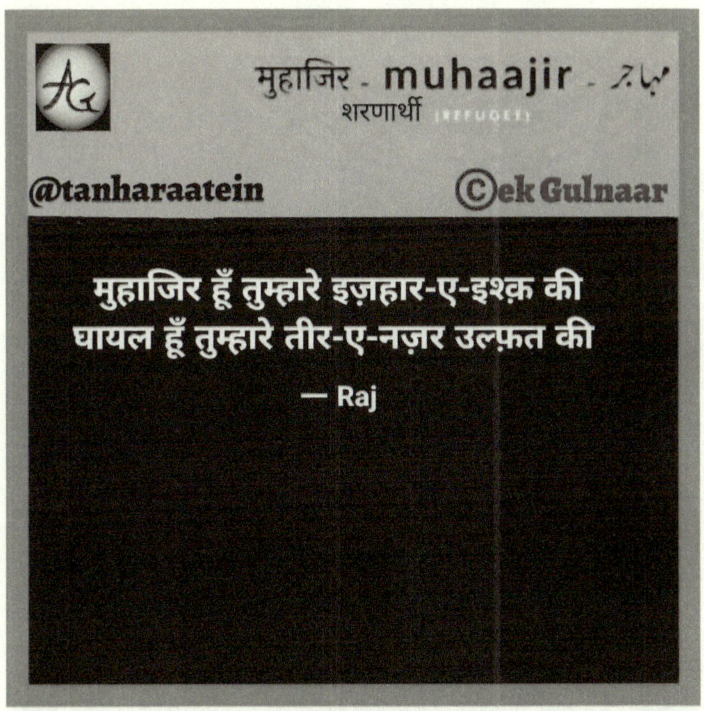

मुहाजिर - muhaajir - مہاجر
शरणार्थी (REFUGEE)
@tanharaatein
©ek Gulnaar
मुहाजिर हूँ तुम्हारे इज़हार-ए-इश्क़ की
घायल हूँ तुम्हारे तीर-ए-नज़र उल्फ़त की
— Raj

64. आग़ाज़ - सुरुआत/ आरम्भ

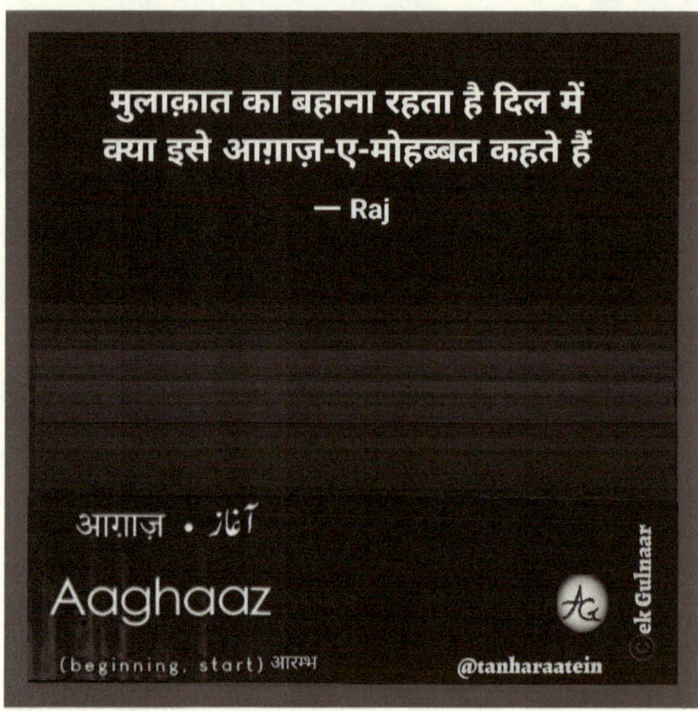

मुलाक़ात का बहाना रहता है दिल में
क्या इसे आग़ाज़-ए-मोहब्बत कहते हैं
— Raj
आग़ाज़ • آغاز
Aaghaaz
(beginning, start) आरम्भ
@tanharaatein
© ek Gulnaar

65. मुक़र्रर - निश्चित

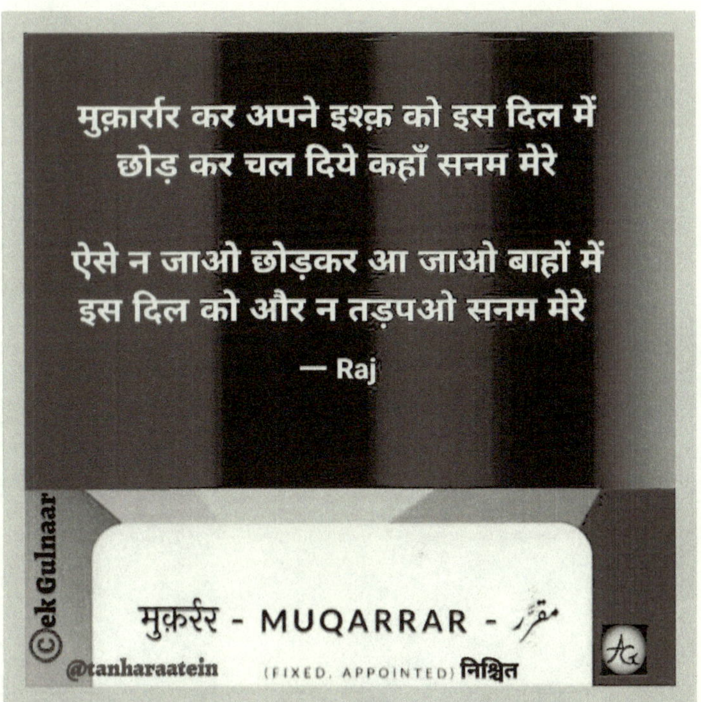

मुक़ार्रर कर अपने इश्क़ को इस दिल में
छोड़ कर चल दिये कहाँ सनम मेरे

ऐसे न जाओ छोड़कर आ जाओ बाहों में
इस दिल को और न तड़पओ सनम मेरे

— Raj

©ek Gulnaar
@tanharaatein

मुक़र्रर - MUQARRAR - مقرّر
(FIXED, APPOINTED) निश्चित

66. जानिब-ए-मंज़िल - मंज़िल की ओर

towards destination//मंज़िल की ओर
janiib e manzil //जानिब-ए-मंज़िल
@tanharaatein
©ek Gulnaar
मुश्किल-ए-रास्ता तय कर अपने चल पड़े है हम
हौसला बुलंद कर अपने जानिब-ए-मंज़िल हम
— Raj

67. मय-ख़्वार - मदिरा पीने वाला

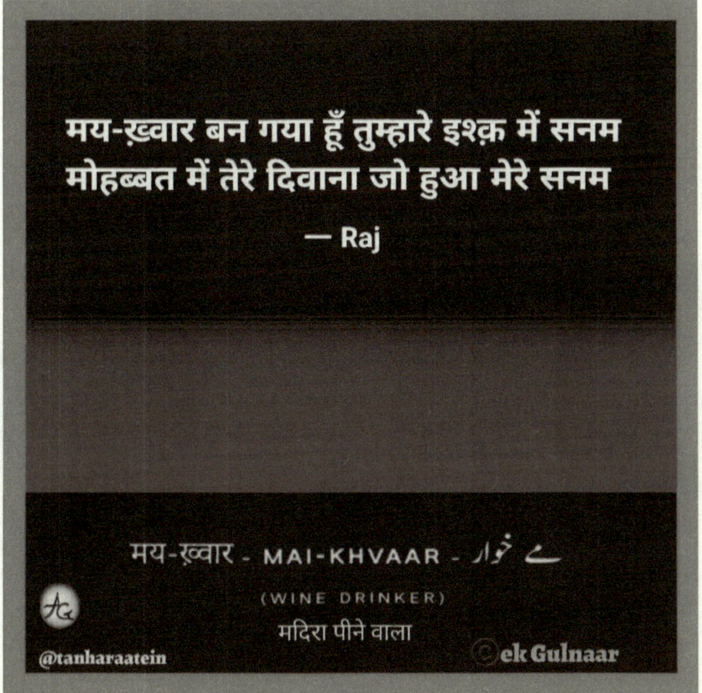

मय-ख़्वार बन गया हूँ तुम्हारे इश्क़ में सनम
मोहब्बत में तेरे दिवाना जो हुआ मेरे सनम
— Raj
मय-ख़्वार - MAI-KHVAAR -
(WINE DRINKER)
मदिरा पीने वाला
@tanharaatein
©ek Gulnaar

68. आलम - दुनिया

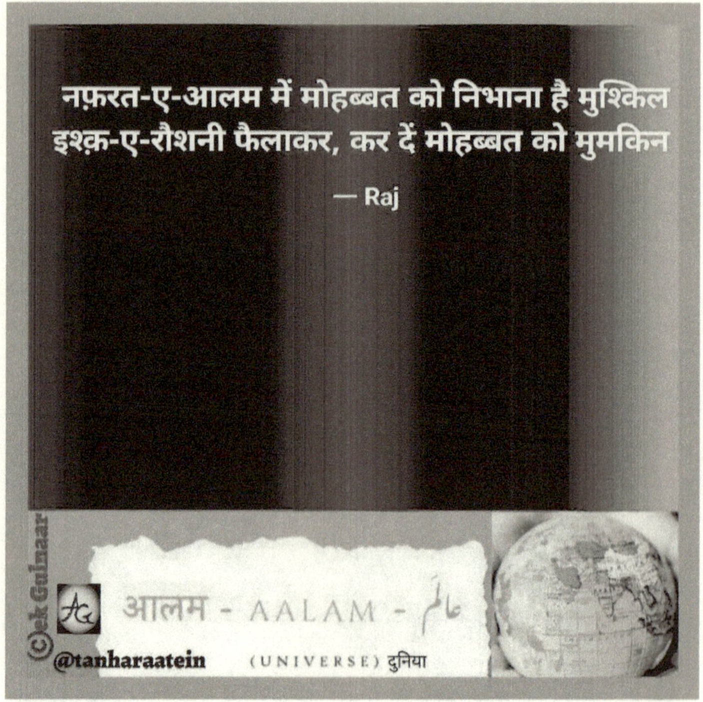

नफ़रत-ए-आलम में मोहब्बत को निभाना है मुश्किल
इश्क़-ए-रौशनी फैलाकर, कर दें मोहब्बत को मुमकिन

— Raj

आलम - AALAM - عالم
@tanharaatein   (UNIVERSE) दुनिया
©ek Gulnaar

69. मतला - ग़ज़ल का पहला शेर

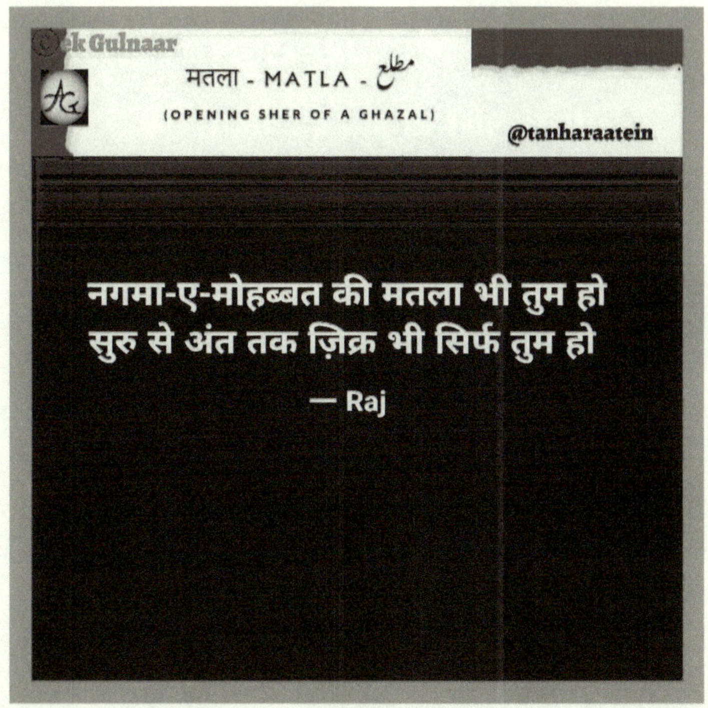
मतला - MATLA - مطلع
(OPENING SHER OF A GHAZAL)
@tanharaatein
नगमा-ए-मोहब्बत की मतला भी तुम हो
सुरु से अंत तक ज़िक्र भी सिर्फ तुम हो
— Raj

70. नीम-ख़ामोश - अल्प मौन

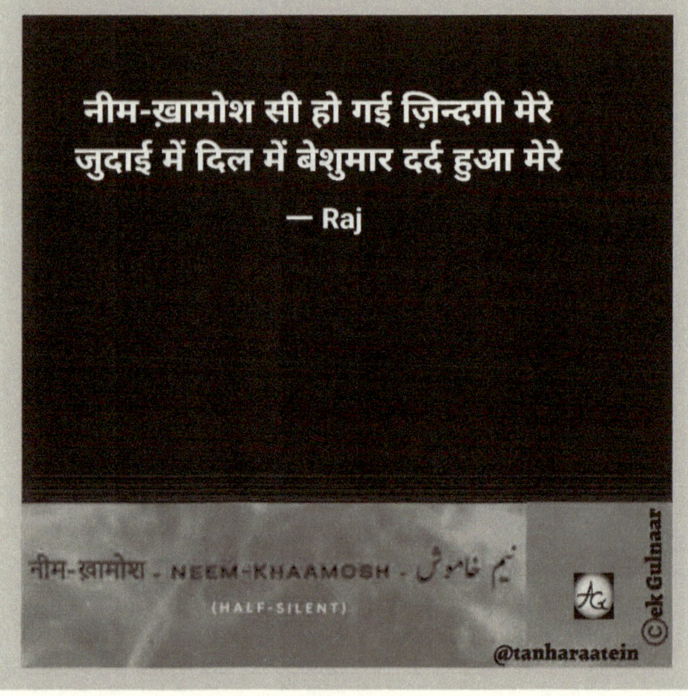

नीम-ख़ामोश सी हो गई ज़िन्दगी मेरे
जुदाई में दिल में बेशुमार दर्द हुआ मेरे
— Raj
नीम-ख़ामोश - NEEM-KHAAMOSH - نیم خاموش
(HALF-SILENT)
@tanharaatein
©ek Gulnaar

71. निकहत - सुगंध

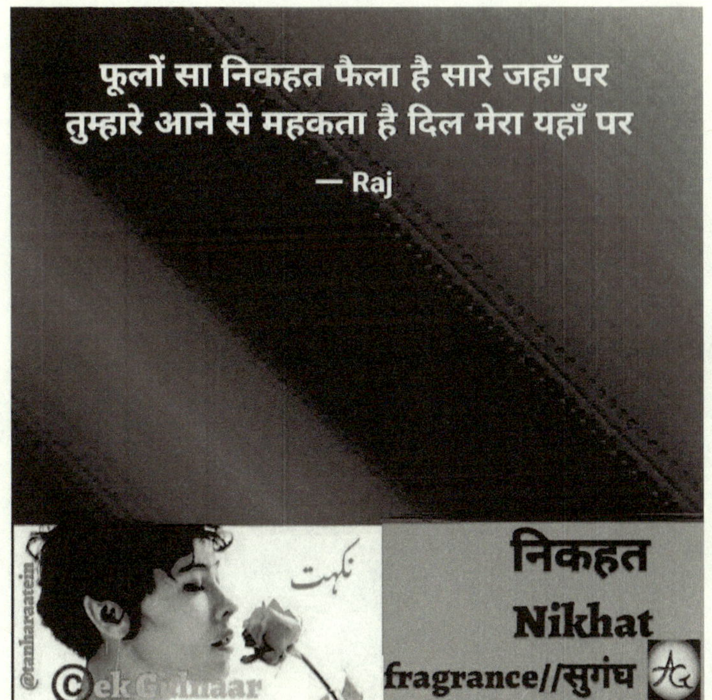

फूलों सा निकहत फैला है सारे जहाँ पर
तुम्हारे आने से महकता है दिल मेरा यहाँ पर
— Raj
निकहत
Nikhat
fragrance//सुगंध

72. क़सीदे - तारीफ़ में कविता

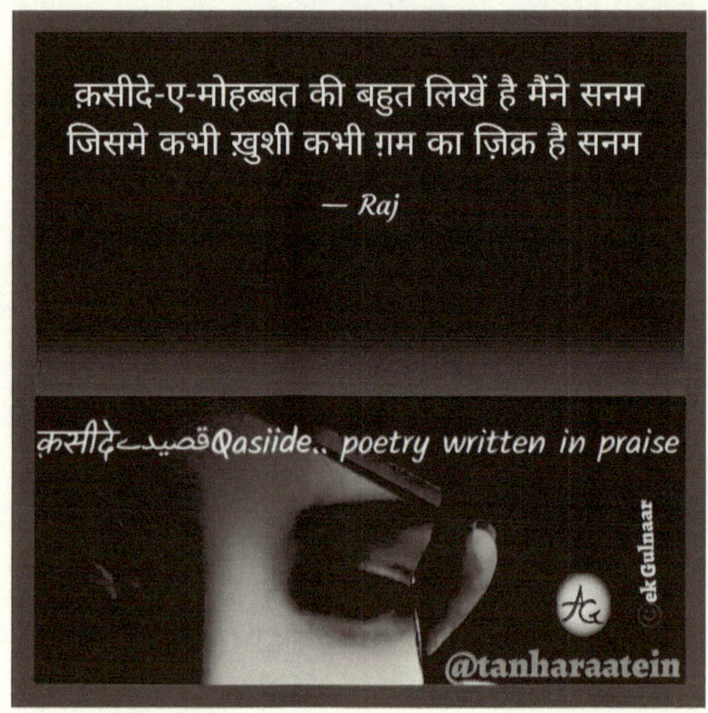

क़सीदे-ए-मोहब्बत की बहुत लिखें है मैंने सनम
जिसमे कभी ख़ुशी कभी ग़म का ज़िक्र है सनम

— Raj

क़सीदे صیدہق Qasiide.. poetry written in praise

@tanharaatein

73. सालिम - उत्तम

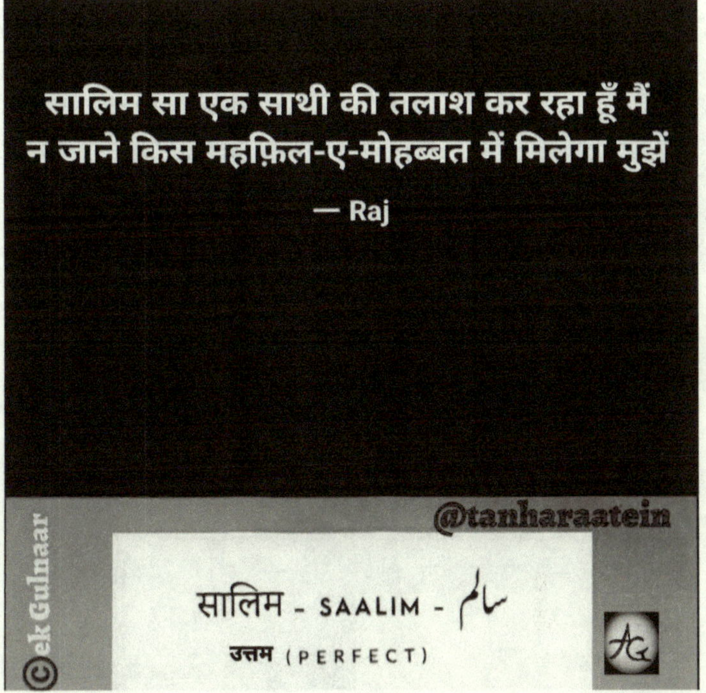
सालिम सा एक साथी की तलाश कर रहा हूँ मैं
न जाने किस महफ़िल-ए-मोहब्बत में मिलेगा मुझें
— Raj
@tanharaatein
©ek Gulnaar
सालिम - SAALIM - سالم
उत्तम (PERFECT)

74. सानेहा - आपदा

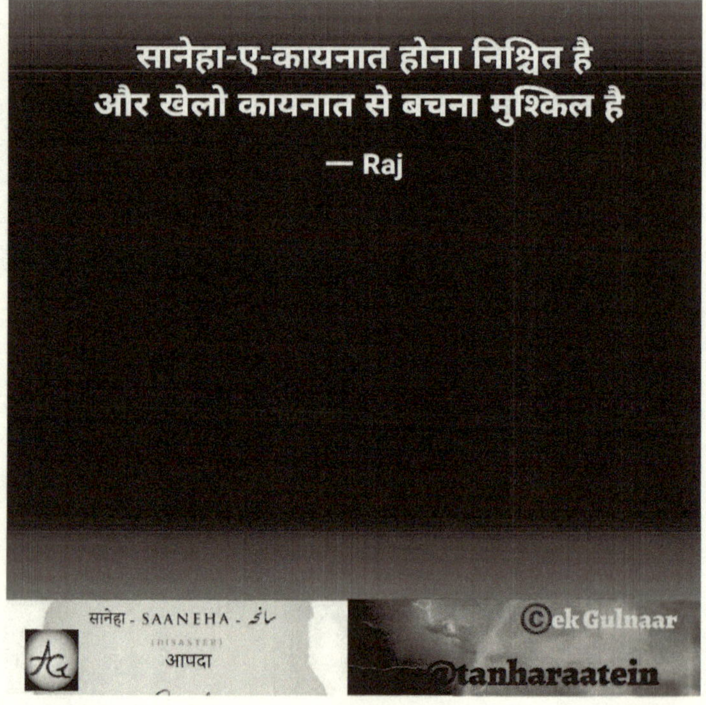
सानेहा-ए-कायनात होना निश्चित है
और खेलो कायनात से बचना मुश्किल है
— Raj
सानेहा - SAANEHA - سانحہ
(DISASTER)
आपदा
©ek Gulnaar
@tanharaatein

75. मराहील - पड़ाव

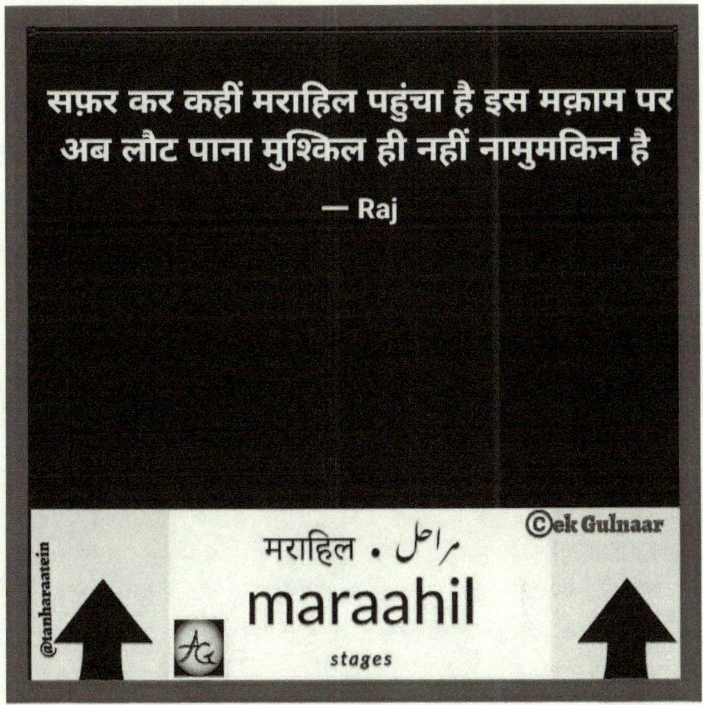

सफ़र कर कहीं मराहिल पहुंचा है इस मक़ाम पर
अब लौट पाना मुश्किल ही नहीं नामुमकिन है
— Raj
@tanharaatein
मराहिल • مراحل
maraahil
stages
©ek Gulnaar

76. शाद-आबाद - ख़ुशहाल

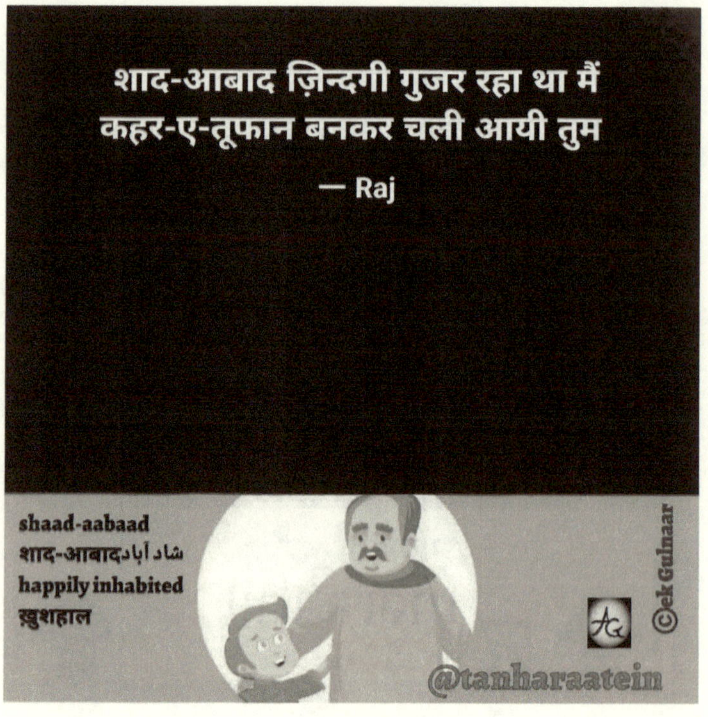

शाद-आबाद ज़िन्दगी गुजर रहा था मैं
कहर-ए-तूफान बनकर चली आयी तुम
— Raj
shaad-aabaad
शाद-आबादشاد آباد
happily inhabited
ख़ुशहाल
@tamharaatein
©ek Gulnaar

77. शजर - पेड़/पौधे

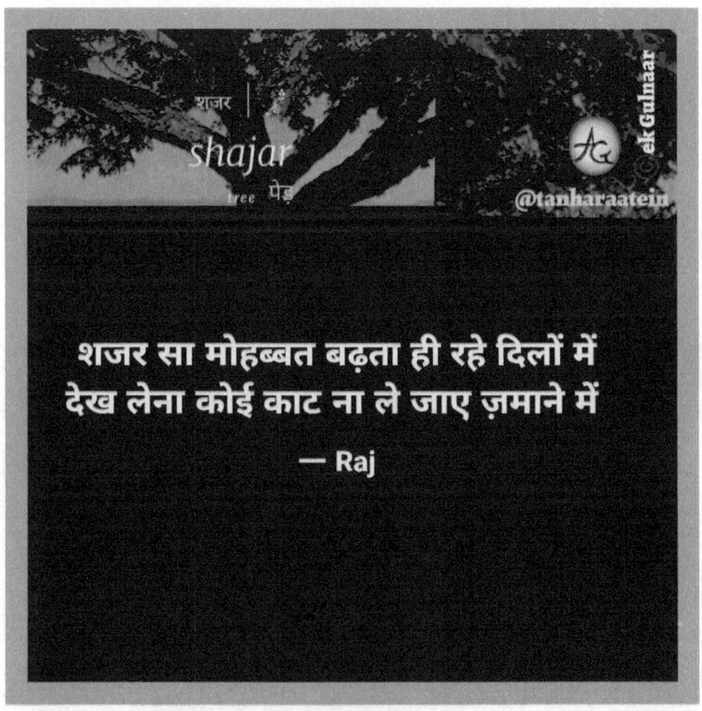

शजर
shajar
tree पेड़
@tanharaatein
ek Gulnaar
शजर सा मोहब्बत बढ़ता ही रहे दिलों में
देख लेना कोई काट ना ले जाए ज़माने में
— Raj

78. शनासाई - जान पहचान

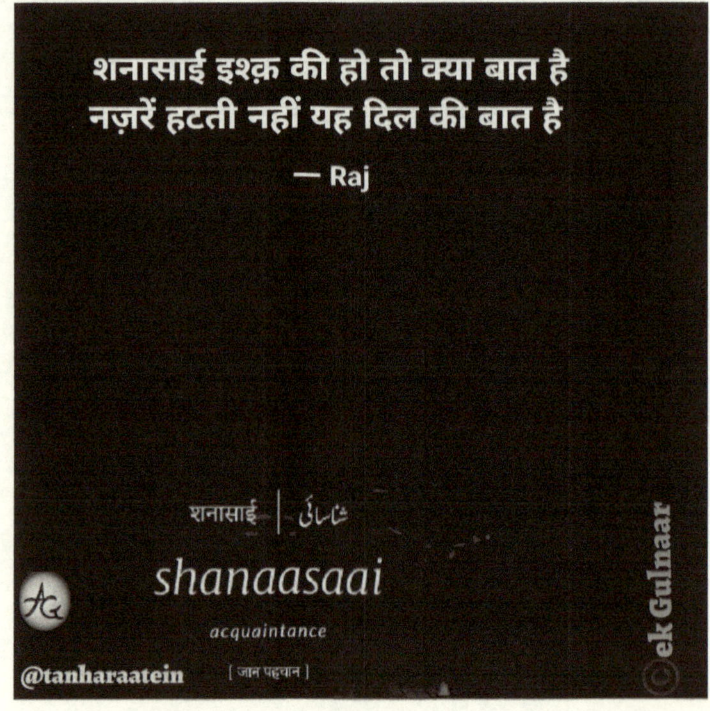

शनासाई इश्क़ की हो तो क्या बात है
नज़रें हटती नहीं यह दिल की बात है
— Raj
शनासाई
shanaasaai
acquaintance
[जान पहचान]
@tanharaatein
©ek Gulnaar

79. सहरीश - सूर्योदय

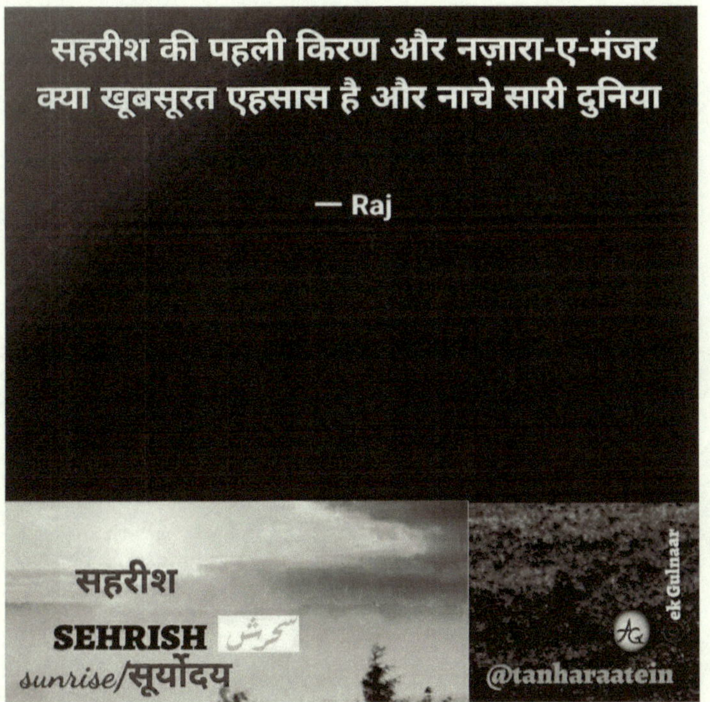

सहरीश की पहली किरण और नज़ारा-ए-मंजर
क्या खूबसूरत एहसास है और नाचे सारी दुनिया

— Raj

सहरीश
SEHRISH سحرش
sunrise/सूर्योदय
@tanharaatein
ek Gulnaar

80. समर - फल

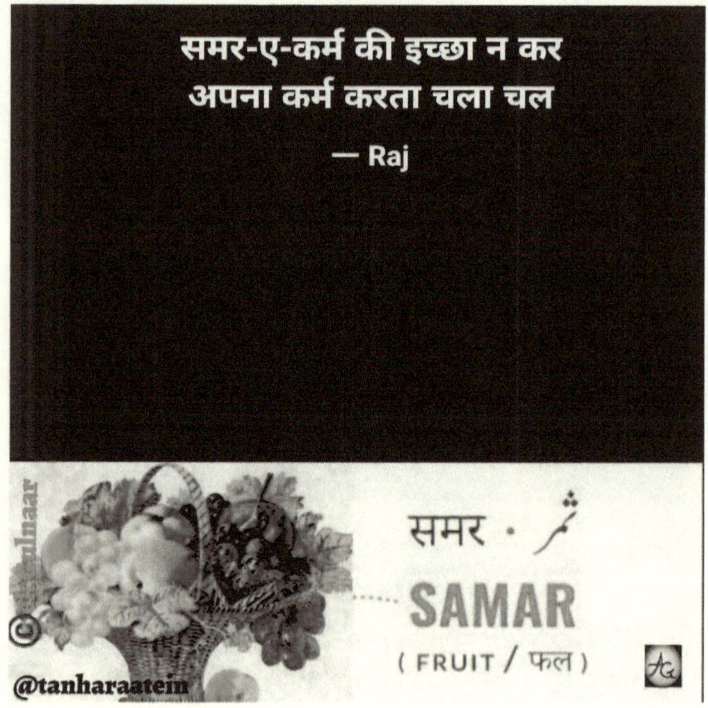

समर-ए-कर्म की इच्छा न कर
अपना कर्म करता चला चल
— Raj
समर
SAMAR
(FRUIT / फल)
@tanharaatein

81. चा - चाय

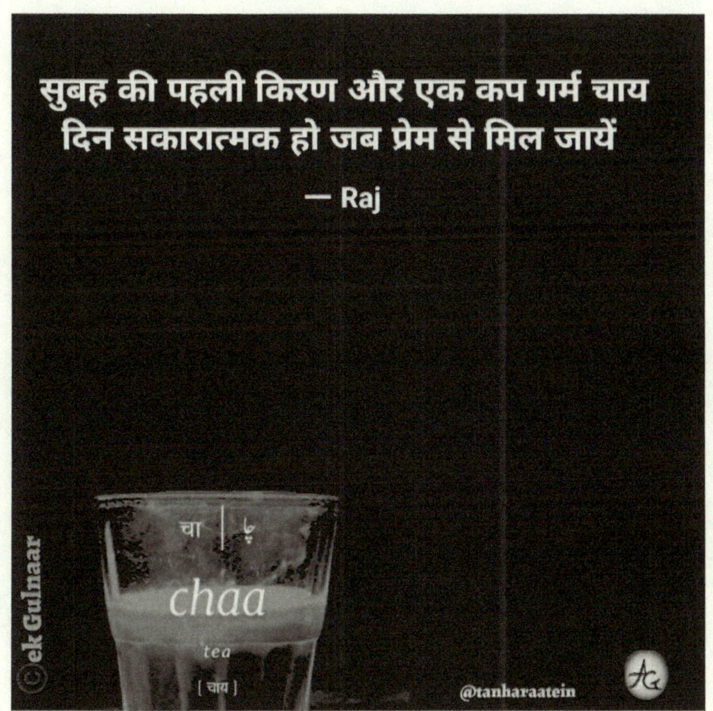

सुबह की पहली किरण और एक कप गर्म चाय
दिन सकारात्मक हो जब प्रेम से मिल जायें

— Raj

©ek Gulnaar

चा
chaa
tea
[चाय]

@tanharaatein

82. सुब्ह - सुबह/सवेरा

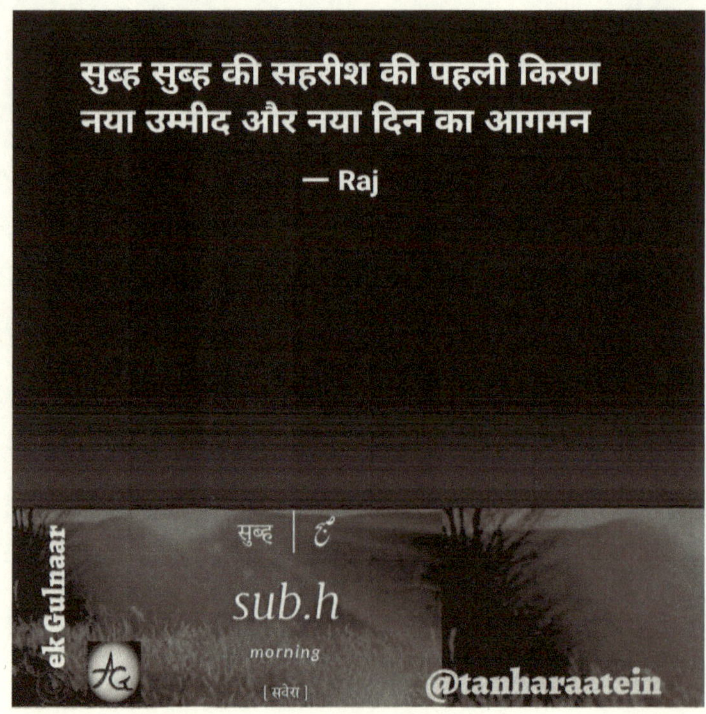

सुब्ह सुब्ह की सहरीश की पहली किरण
नया उम्मीद और नया दिन का आगमन
— Raj
ek Gulnaar
सुब्ह
sub.h
morning
[सवेरा]
@tanharaatein

83. ताईद - हिमायत

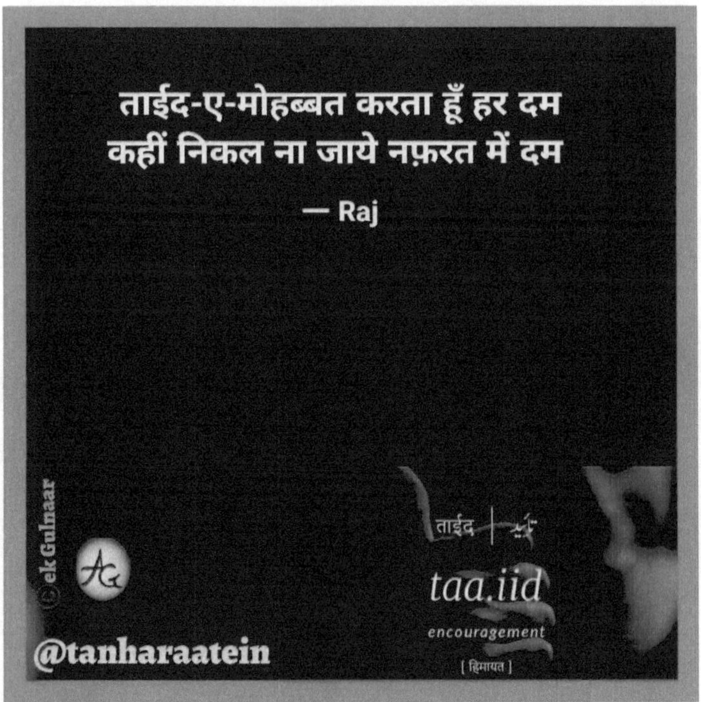

ताईद-ए-मोहब्बत करता हूँ हर दम
कहीं निकल ना जाये नफ़रत में दम
— Raj
@tanharaatein
©ekGulnaar
ताईद
taa.iid
encouragement
[हिमायत]

84. तालिब-ए-शोहरत - प्रसिद्धि की भूख

तालिब-ए-शोहरत है सारा कायनात यहाँ
सिर्फ मेहनत से नहीं पर अदह से बने है यहाँ

— Raj

85. गुज़रगाह - पथ/सड़क

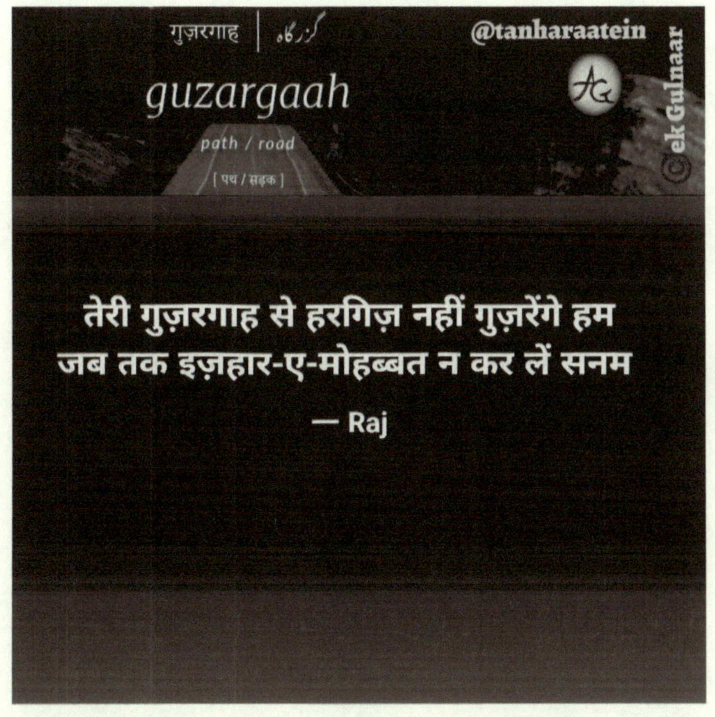

गुज़रगाह
guzargaah
path / road
[पथ / सड़क]
@tanharaatein
@ek Gulnaar
तेरी गुज़रगाह से हरगिज़ नहीं गुज़रेंगे हम
जब तक इज़हार-ए-मोहब्बत न कर लें सनम
— Raj

तेरी उल्फ़त में सनम हम ने क्या-क्या नहीं किये
अब तो होश भी ना रहा ज़माने ने क्या-क्या कहे
— Raj
उल्फ़त الفة..Lovingness
@tanharaatein
©ek Gulnaar

87. अज़्मत - महानता

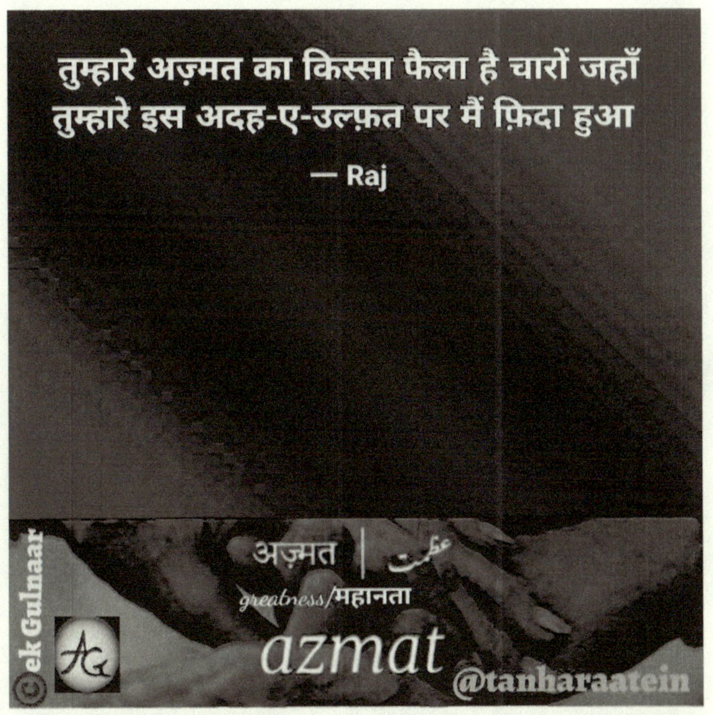

तुम्हारे अज़्मत का किस्सा फैला है चारों जहाँ
तुम्हारे इस अदह-ए-उल्फ़त पर मैं फ़िदा हुआ
— Raj
अज़्मत
greatness/महानता
azmat
ek Gulnaar
@tanharaatein

88. बेमिसाल - अनुपम/ अद्वितीय

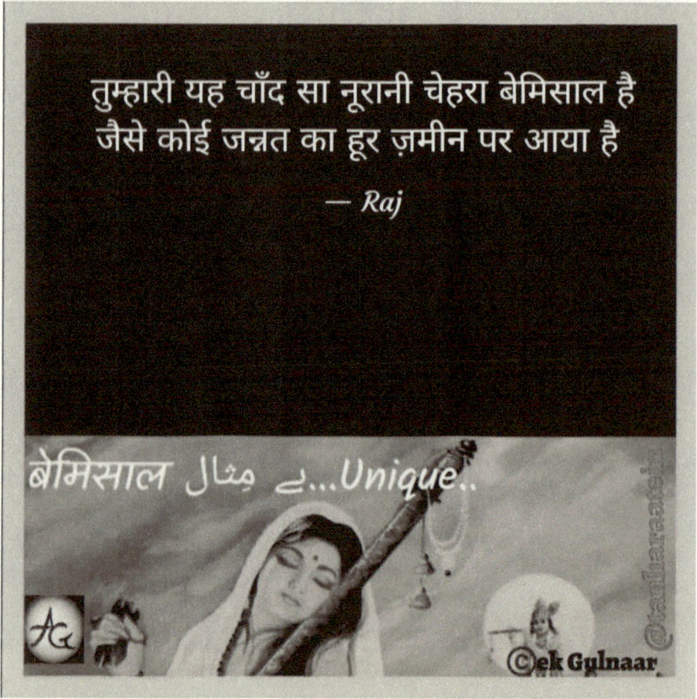

तुम्हारी यह चाँद सा नूरानी चेहरा बेमिसाल है
जैसे कोई जन्नत का हूर ज़मीन पर आया है
— Raj
बेमिसाल بے مثال ہے...Unique..
©ek Gulnaar

89. पुर-उम्मीद - आशापूर्ण

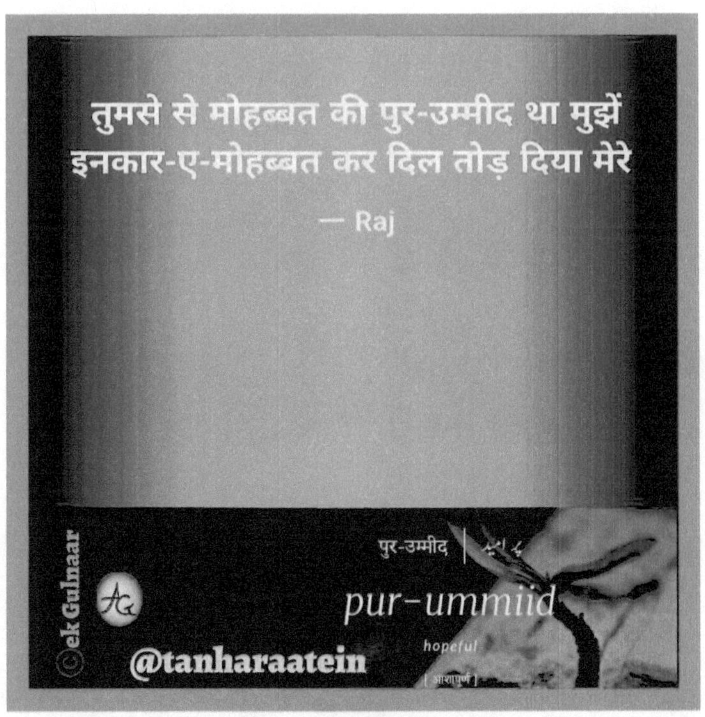

तुमसे से मोहब्बत की पुर-उम्मीद था मुझें
इनकार-ए-मोहब्बत कर दिल तोड़ दिया मेरे
— Raj
पुर-उम्मीद
pur-ummiid
hopeful
[आशापूर्ण]
@tanharaatein
©ek Gulnaar

90. तुंद - तीखा

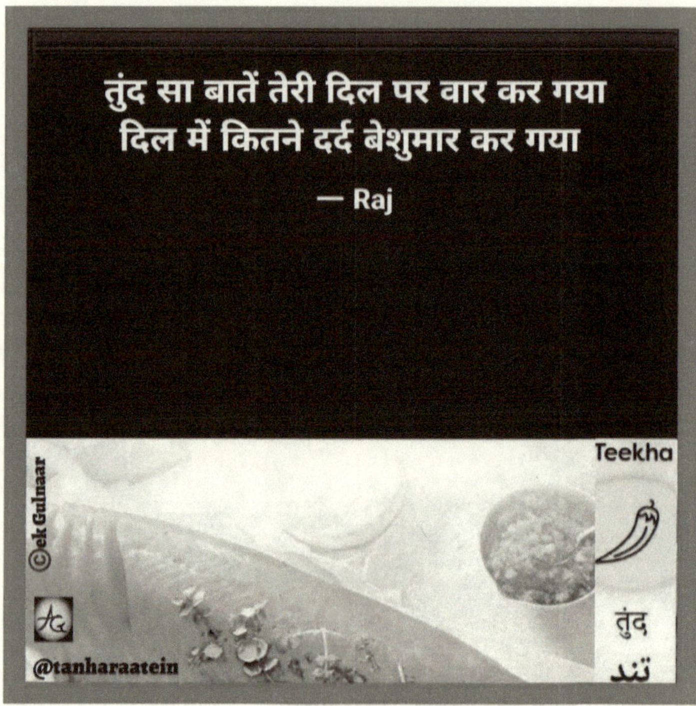

तुंद सा बातें तेरी दिल पर वार कर गया
दिल में कितने दर्द बेशुमार कर गया
— Raj
©ek Gulnaar
@tanharaatein
Teekha
तुंद

91. मुंतख़ब - चुना हुआ

उल्फ़त में सनम हमने तुम को ही चाहा है
जीवन साथी तुम्हें ही मुंतख़ब हैं इश्क़ में
— Raj

मुंतख़ब
muntaKHab·مُنْتَخَب
चुना या छाँटा हुआ/ selected

@tanharaatein
©ek Gulnaar

92. मिज़ाज-ए-इश्क़ - प्यार का स्वभाव

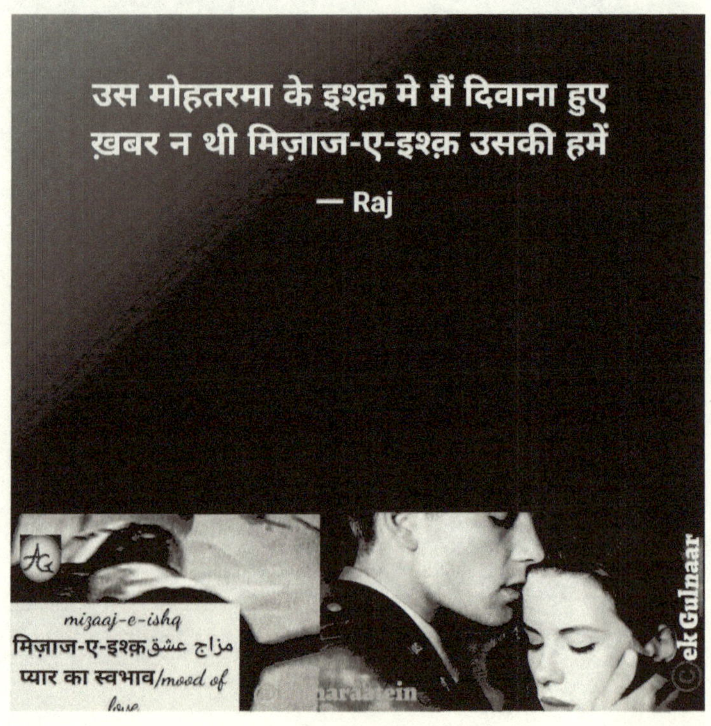

उस मोहतरमा के इश्क़ मे मैं दिवाना हुए
ख़बर न थी मिज़ाज-ए-इश्क़ उसकी हमें
— Raj
mizaaj-e-ishq
मिज़ाज-ए-इश्क़ مزاج عشق
प्यार का स्वभाव/mood of love
©ek Gulnaar

93. वफ़ा-शि'आर - वफ़ादार

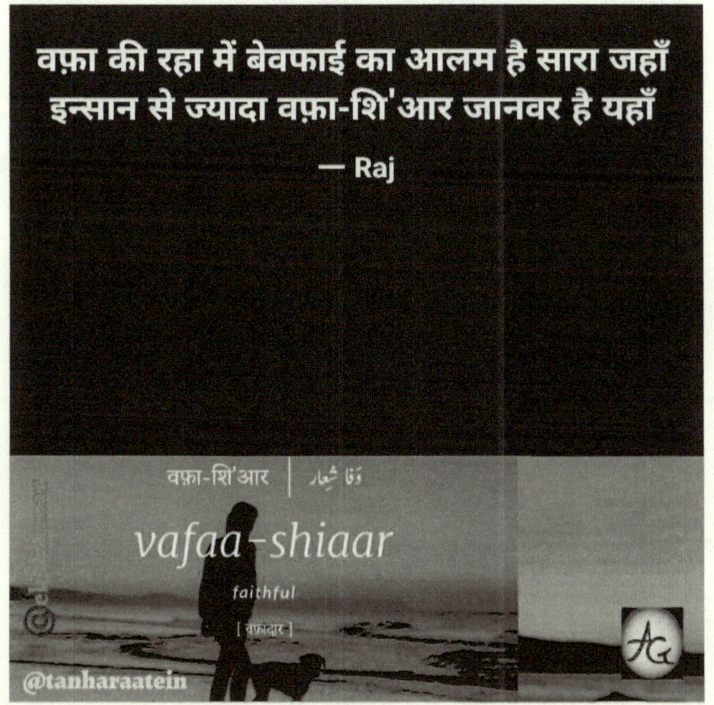

वफ़ा की रहा में बेवफाई का आलम है सारा जहाँ
इन्सान से ज्यादा वफ़ा-शि'आर जानवर है यहाँ
— Raj
वफ़ा-शि'आर
vafaa-shiaar
faithful
[वफ़ादार]
@tanharaatein

94. वकील - प्रतिनिधि

वकील-ए-इश्क़ बनकर किस पर मुकदमा करूँ
जान से ज्यादा प्यारा है वो जिस पर भी करूँ

— Raj

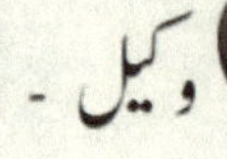

95. वक़्त-ए-जुदाई - बिछड़ने का समय

वक़्त-ए-जुदाई सह न सकेंगे हम कभी
अलविदा-ए-मोहब्बत कर नहीं सकेंगे हम कभी
— Raj
@tanharaatein
वक़्त-ए-जुदाई • وقت جدائی
WAQT-E-JUDAI
बिछड़ने का समय (TIME OF PARTING)
©ek Gulnaar

96. पुर-लुत्फ़ - सुखद

वक़्त पुर-लुत्फ़ है जब साथ हो तुम्हारा
दुखद मन होता है जब दूर होते हो हमारा

— Raj

पुर-लुत्फ़ - PUR-LUTF - پر لطف

सुखद (ENJOYABLE)

97. वसीला - मदद/समर्थन

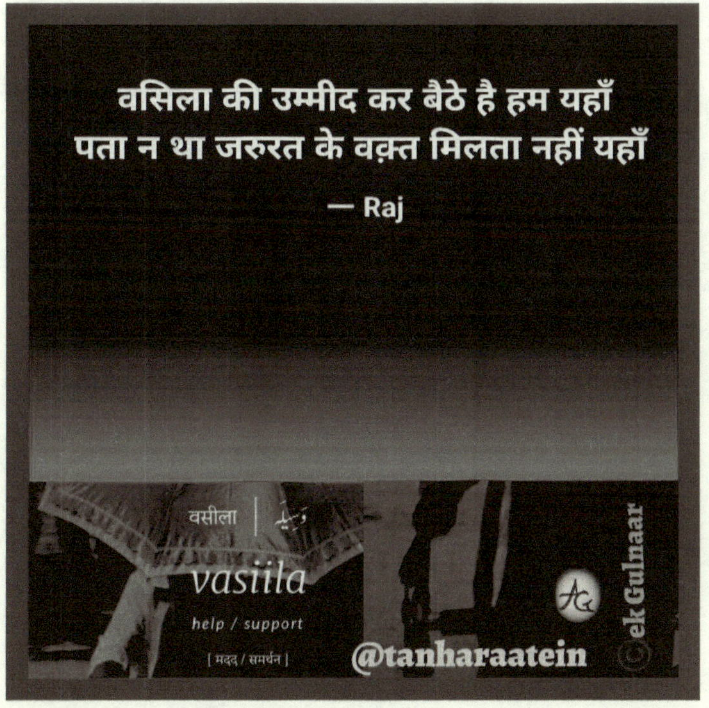

वसिला की उम्मीद कर बैठे है हम यहाँ
पता न था जरुरत के वक़्त मिलता नहीं यहाँ
— Raj
वसीला
vasiila
help / support
[मदद / समर्थन]
@tanharaatein
ek Gulnaar

98. सवरिया - प्रिये/जानम

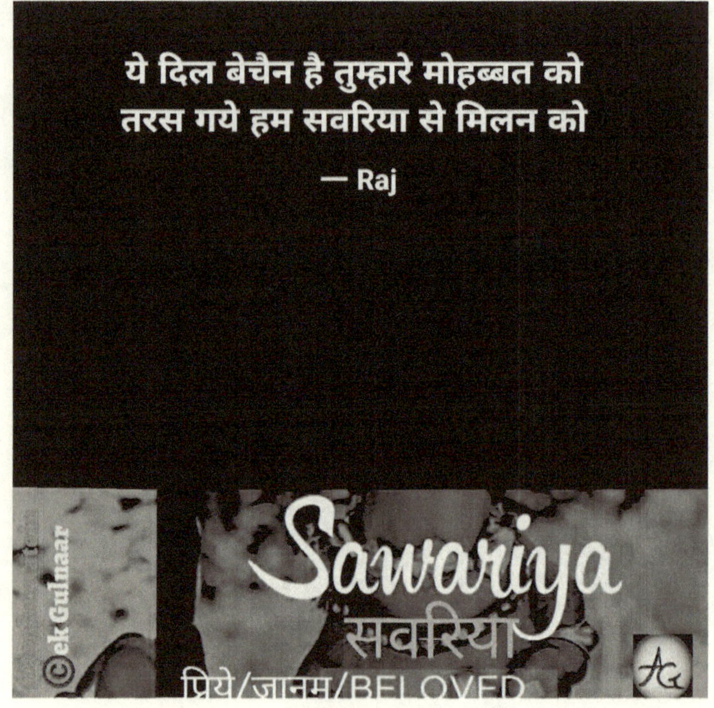
ये दिल बेचैन है तुम्हारे मोहब्बत को
तरस गये हम सवरिया से मिलन को
— Raj
©ek Gulnaar
Sawariya
सवरिया
प्रिये/जानम/BELOVED

99. ज़ाहिर - जो स्पष्ट हो

ज़ाहिर-ए-उल्फ़त तुम्हारा कुछ इस तरह
मोहब्बत में बवाल हो गया कुछ उस तरह
— Raj

ज़ाहिर - ZAAHIR - ظاہر

(APPARENT) जो स्पष्ट रूप से सामने हो

@tanharaatein

100. ज़हे-नसीब - सौभाग्य

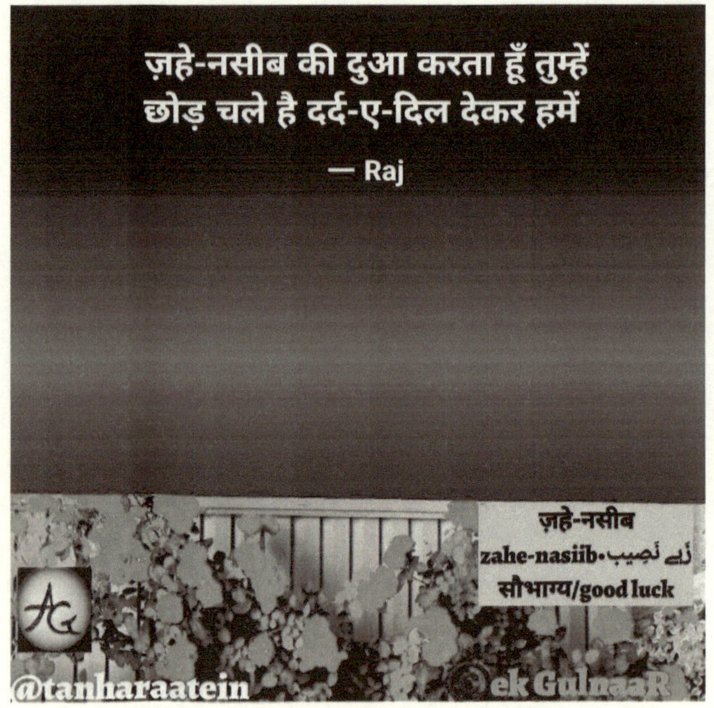

ज़हे-नसीब की दुआ करता हूँ तुम्हें
छोड़ चले है दर्द-ए-दिल देकर हमें
— Raj
ज़हे-नसीब
zahe-nasiib·زِہ نَصِیب
सौभाग्य/good luck
@tanharaatein
@ekGulnaaR

अस्वीकरण

सभी रचनाएँ कल्पना पर आधारित हैं। इसका लेखक के जीवन या ब्रह्मांड में किसी से कोई लेना-देना नहीं है। सभी लेख काल्पनिक हैं और किसी जीवित या मृत व्यक्ति से कोई समानता नहीं है। यदि कोई समानता है तो यह मात्र संयोग है।

लेखक की जीवनी

श्री के.सी. श्रीराज मेनन, जिनका जन्म केरल के एक संपन्न परिवार में 09 सितंबर 1973 को श्री कोझीपुरथ संकुन्नी मेनन और श्रीमती किज़हारा चालापुरथ सेथुलक्ष्मी मेनन के घर हुआ और महाराष्ट्र में अधिवासित हैं। वह बचपन से ही तेज-तर्रार शायरी करते थे, कहते और भूल जाते थे। एक बार उनके एक करीबी दोस्त ने इस पर गौर किया और उन्हें जो भी कविताएँ या उद्धरण कहते थे, उन्हें लिखने के लिए मजबूर किया और तब से उन्होंने लिखना शुरू कर दिया। उन्होंने अपनी कविताओं और उद्धरणों को अपने और अपने करीबी दोस्तों के पास तब तक सीमित रखा जब तक उन्हें अपने कामों को ऑनलाइन लिखने के लिए एक मंच नहीं मिला। वह Your Quote साइट पर एक सक्रिय लेखक हैं और उन्हें प्रतियोगिता के लिए कई प्रशंसापत्र और प्रमाणपत्र प्राप्त हुए हैं। वह एक बहुभाषी लेखक हैं और उनका लेखन विस्मयकारी है। चाहे वह अंग्रेजी, हिंदी, उर्दू, मलयालम और मराठी हो, वह सभी भाषाओं में उत्कृष्ट है। वह कई दिलचस्प लेखकों के लिए एक बड़ी प्रेरणा भी हैं। वह मुंबई विश्वविद्यालय से स्नातक हैं। वह एक एकाउंटेंट हैं और एक स्व-शिक्षित कंप्यूटर इंजीनियर भी हैं। उनके कौशल शीर्ष पायदान पर हैं और उनके पास कई प्रमाणपत्र हैं। अभिनय, लेखन, पेंटिंग और नृत्य और संगीत सुनना आदि... आदि उनके जुनून हैं।
Mail ID: shreeraj_m@yahoo.co.uk